왜 낙심하는가?

왜 낙심하는가?

지은이 | 조정민
초판 발행 | 2020년 3월 25일
6쇄 발행 | 2020년 12월 2일
등록번호 | 제1988-000080호
등록된 곳 | 서울특별시 용산구 서빙고로65길 38 두란노빌딩
발행처 | 사단법인 두란노서원
영업부 | 2078-3352 FAX 080-749-3705
출판부 | 2078-3331

책 값은 뒤표지에 있습니다.
ISBN 978-89-531-3714-1 03230

편집부에서 독자의 의견을 기다립니다.
tpress@duranno.com   http://www.Duranno.com

어떤 상황에도
은혜는 가까이 있다

왜
낙심하는가?

조정민
지음

40th
두란노

contents

낙심의 시대를 함께 사는
형제자매들에게

지나고 보면 언제 시간이 그토록 속히 지나갔나 싶습니다. 그 시간의 터널을 빠져나오는 동안 불안하고 또 낙심되는 일이 얼마나 많았는지 모릅니다. 이 터널의 끝이 있기는 한가 싶은 순간도 있었습니다. 분명한 것은 위기의 순간들은 차례로 지나갔고, 낙심했던 일들도 어떻게든 회복이 되었다는 사실입니다. 그러면 이제 모든 일이 순풍에 돛단 듯 일사천리로 나아갈 수 있게 된 것입니까?

다시 눈앞에 산더미 같은 파도가 밀려오고 있습니다. 어디로 마땅히 피하기가 어려운 일들입니다. 국내 해외 가릴 것 없습니다. 초연결사회가 되면 무슨 일이건 훨씬 쉽게 풀릴 것이라 기대했던 것과는 달리, 무슨 일이건 각 개인마저 상상하지 못했던 영향을 받게 되었습니다.

코로나바이러스 사태가 그렇고 사회 모든 부문에 미치는 여파가 그렇습니다. 어느 것 하나 우리를 실망시키지 않는 분야가 없습니다.

이런 시대에 믿음이란 무엇입니까? 믿음의 사람들은 어떻게 이 파도에 맞서야 합니까? 우리를 낙심케 할 상황들이 줄을 이어 기다리고 있는 이 시대에 낙심에서 벗어날 길이 있기나 합니까? 2천 년 전에 쓰인 성경이 21세기의 위기에 대해 도대체 무슨 말을 해 줄 수 있습니까? 대부분의 시간 동안 유목민의 삶을 헤쳐 나간 성경 속 믿음의 사람들이 주고받는 대화가 과연 이 디지털 세대에게 무슨 지혜를 가르쳐 줄 수 있을까요?

그러나 다행입니다. 사람은 달라지지 않았습니다. 관심의 본질도 달라지지 않았습니다. 관계의 속성도 달라지지 않았습니다. 무엇보다 낙심의 유형도 오십보백보입니다. 그래서 하나님의 지혜는 여전히 빛을 발합니다. 지금도 하나님을 경외하는 것이 여전히 지혜의 근본입니다. 세상은 동의하지 않습니다. 마치 성경을 폐하는 것이 목적인 듯 행동합니다. 1세기 사람들처럼 십자가를 조롱하는 것이 지성인 양 말합니다.

문제는 무엇입니까? 그렇게 기세등등한 사람들이

예상치 못한 위기가 닥쳐오면 어쩔 바를 모른다는 것입니다. 죽음이 두려운데 삶이 평안하겠습니까? 영원을 부정하는데 순간에 진정으로 만족하겠습니까? 달려갈 피난처가 없는데 두려움과 맞설 수 있겠습니까? 이토록 많은 정보에도 불구하고 부정적인 메시지의 바다에서 표류하는 것이 고작입니다. 불안의 사슬이 옥죄어 오는데 무슨 힘으로 자유할 수 있습니까?

우리는 희망의 세기를 기대했지만, 현실은 낙심의 세기가 가로놓여 있음을 감지합니다. 그래서 무엇보다 "왜 낙심하는가?"라는 질문을 던지고자 합니다. 낙심의 뿌리를 들여다보면 뜻밖에 상처 입은 자아와 맞닥뜨립니다. 구원의 밧줄을 힘주어 잡지 못한 의심과 마주합니다.

언제나 그러하듯 말씀은 놀라운 출구를 가리킵니다. 출구를 빠져나온 사람들은 반드시 자신이 빠져나온 낙심의 동굴로 다시 돌아가게 됩니다. 그리고 낙심의 그늘에서 파리한 얼굴을 하고선 초점 잃은 시선으로 허공을 응시하는 누군가를 기필코 소망의 언덕으로 인도하게 됩니다. 그 일에 여러분을 초대하는 것이 이 책의 목적입니다.

두란노 가족이 이번에도 저를 먼저 낙심에서 건져 주었습니다. 수년 전 베이직교회 '아름다운 동행' 예배 때

원고 없이 설교했던 것을 책으로 다듬어 주었습니다. 두란노 출판팀 여러분의 노고는 제가 위로할 수 없을 정도입니다. 이정아 자매도 교정에 큰 몫을 맡아 주었습니다. 누구보다 소천하신 하용조 목사님은 저를 설교자로 이끌어 주셨고, 이형기 사모님은 저를 저자의 반열에 세워 주셨습니다. 시간이 흐를수록 저를 낙심의 자리에 머무르지 않도록 끊임없이 도움을 주신 두 분에 대한 기억이 새로워지는 것을 고백합니다. 물론 아내와 자녀들과 베이직교회 성도들의 기도 없이는 이 작은 책 한 권조차 빛을 볼 수 없었을 것입니다. 그 모든 믿음의 가족들 덕분에 저같이 연약한 사람이 다시 세상을 향해 물을 수 있습니다.

"왜 낙심하는가?"

2020년 3월 코로나바이러스가 창궐하고 있는
서울 도심의 한 공간에서

조정민

낙심한 이유를
찾으라

Why are you disappointed?

어떤 사람이 시냇물을 찾아서 황급하게 뛰어가는 목마른 사슴처럼 하나님을 향해 달려가고 있습니다. 바로 시편 42편의 기자입니다.

하나님이여 사슴이 시냇물을 찾기에 갈급함 같이 내 영혼이 주를 찾기에 갈급하니이다 내 영혼이 하나님 곧 살아 계시는 하나님을 갈망하나니 내가 어느 때에 나아가서 하나님의 얼굴을 뵈올까 사람들이 종일 내게 하는 말이 네 하나님이 어디 있느뇨 하오니 내 눈물이 주야로 내 음식이 되었도다 내가 전에 성일을 지키는 무리와 동행하여 기쁨과 감사의 소리를 내며 그들을 하나님의 집으로 인도하였더니 이제 이 일을 기억하고 내 마음이 상하는도다 내 영혼아 네가 어찌하여 낙심하며 어찌하여 내 속에서 불안해하는가 너는 하나님께 소망을 두라 그가 나타나 도우심으로 말미암아 내가 여전히 찬송하리로다 _시 42:1~5

그는 어쩌다가 이렇게 마음이 상하여 눈물을 흘리게 되었을까요? 아마도 누군가에게 배신을 당했거나 억울하게 비난을 받았거나 모해(謀害)를 당했을 수 있습니다. 그것도 아주 잘 아는 사람, 자주 만나 편한 마음으로 속을 나누었던 사람, 평소에 좋은 관계를 맺고 있던 사람에게서 한 번도 생각해 본 적이 없는 일을 겪은 것입니다.

"개 조심해라. 네가 돌보는 개가 문단다. 늘 돌보는 개가 물어."

어릴 적에 할머니에게서 자주 듣던 말입니다. 할머니는 낯선 개보다 집에서 키우는 개에게 더 잘 물리는 법이라면서 조심하라고 말씀하시곤 했습니다.

나를 어렵게 하는 이는 대개 생면부지의 사람들이 아닙니다. 같이 살거나 늘 가까이 있는 사람이 나를 힘들게 합니다. 심지어는 내가 기꺼이 도움을 주었던 사람일 수도 있습니다. 돈을 벌게 해 주었거나 직업을 소개해 주었을 수도 있습니다. 그들이 나를 배신하거나 속인 사실을 아는 순간, 우리는 격한 감정에 휩싸이기 마련입니다.

배신감에 화가 치밀어 오르거나 섭섭함에 울컥 슬픔이 복받쳐 오를 수도 있습니다.

"그동안 대체 내가 얼마나 마음을 쏟았는데…. 다른 사람은 몰라도 어떻게 그가 내게 이럴 수가 있어…" 할 말을 잊습니다. 때로는 머릿속이 하얘지기도 합니다.

많은 사람들이 실제로 이런 일을 겪고 있습니다. 살아가면서 뜻밖의 배신을 당해 보지 않은 사람은 찾기 어려울 정도입니다. "그럴 리가? 정말 그 사람만은 안 그럴 줄 알았는데…" 하고 놀란 가슴을 쓸어내리며 안타까워한 적이 얼마나 많습니까?

이런 일을 자주 겪다 보면 결국 사람에 대한 기대를 아예 접게 됩니다. 영원히 함께할 것 같던 배우자가 돌아서고, 잘 성장하리라고 믿었던 사랑스러운 아들딸이 실망감을 안겨 줄 때, 우리는 낙심할 수밖에 없습니다. 마치 마음이 천 길 낭떠러지로 추락하듯 낙심하는 일을 겪을 때 우리는 어떻게 해야 할까요?

툭 떨어진

　마음을 붙잡아 끌어올리려면

　'낙심'의 사전적인 뜻은 "바라던 일이 이루어지지 아니하여 마음이 상한 것"입니다. 비슷한 말로 '실망, 낙망, 낙담, 상심' 등이 있습니다. 무슨 일이건 내가 원하는 대로 이루지 못할 때, 우리는 실망하고 낙심합니다.

　낙심되는 상황에 부딪힌 사람들은 대부분 그 속에 빠져서 허우적댑니다. 사람이 낙심하는 상황은 천차만별입니다. 어떤 이는 누군가의 말 한마디에 좌절하고 낙심합니다.

　누가 당신에게 "이 머저리, 멍텅구리야!" 하고 상처 주는 말을 던졌다고 합시다. "누구 보고 머저리래?" 하고 받아치거나 무시하면 그만일 텐데, 이상하게도 온종일 그 말을 마음에 담아 두는 사람이 있습니다. 그야말로 하나님의 말씀을 묵상하듯 그 하찮은 말을 온종일 묵상합니다.

　'아, 내가 그토록 멍청한 짓을 했나? 이제 어떻게 해야 하지?' 근심하고 염려하고 걱정하다가 점점 더 위축되어 갑니다. 정작 그 사람은 홧김에 생각 없이 던진 말일지도 모르는데 본인은 그 말에 턱없이 큰 비중을 둔 것입니다. 낙심하게 하는 부정적인 메시지를 덥석 두 손으로 받아 가슴속에 묻고는 종일 되새김질하며 눈덩이처럼 불리다가 깊은 수렁에 빠지고 맙니다. 마치 스스로 굴리다가 제 몸보다 커진 눈덩이 아래 엎어져 그 엄청난 무게에 짓눌리게 된 것과도 같습니다.

오늘날 우리가 겪는 수많은 정신 신경증적 질환의 원인 중 하나로 낙심을 꼽습니다. 낙심이 끼치는 영향을 의학 전문 용어가 아닌 쉬운 말로 설명하면, 한마디로 스트레스(stress)라고 할 수 있습니다.

현대인은 매일 스트레스를 받으며 살아갑니다. 낙심되는 상황이 반복되어 스트레스가 과다하게 쌓이면 미처 해소하지 못한 채 방치하게 되고, 이것이 누적되면 체념하거나 좌절하거나 절망하는 상태에 이릅니다. 그 정도가 더욱 심해지면, 어떤 사람은 충동적으로 극단적인 선택을 하기도 합니다. 이것이 바로 낙심이 위험한 이유입니다.

공황장애, 다양한 강박 장애, 각종 공포증, 조울증, 불면증 등 낙심 때문에 겪게 되는 불안증을 내버려 두면 신앙까지 흔들리게 됩니다. 낙심의 문제를 적절히 다루지 못한 탓에 낭패를 보는 신앙인이 의외로 많습니다. 놀라운 것은 영적으로 예민하다는 사람들이 오히려 더 쉽게 낙심한다는 점입니다. 체면상 신앙의 얼굴 밖으로 드러내지 못하고 속앓이를 하다가 결국 신앙이 병들어 실족하는 일이 드물지 않습니다.

그래서인지 성경은 낙심이란 주제에 관해 굉장히 예민합니다. 사실, 우리는 대부분 용기를 얻기보다는 쉽게 낙심하지 않습니까? 하지만 우리를 지으신 하나님이 우리 중심에서 일어나는 변화를 왜 모르시겠습니까? 조금만 들여다봐도 성경은 곳곳에서 하나님이 낙심한 인간을 어떻게 회복시키시는가에 초점을 맞추고 있음을 알 수 있습니다.

낙심의 한자를 풀어 보면, '떨어질' 낙(落)에 '마음' 심(心)입니다. 원하는 것이 이루어지지 않아서 "마음이 낮은 곳으로 떨어졌다"고 해석할 수 있을 것입니다. 상(傷)한 마음, 즉 다친 마음을 원래대로 고치는 일은 힘들게 느껴지지만, 툭 떨어진 마음을 붙잡아 위로 들어 올리는 일은 오히려 해 볼 만하지 않겠습니까?

무릇 신앙이 구별된 삶을 의미한다면, 누구나 겪게 되는 낙심의 문제를 어떻게 다루어야 할까요? 가장 먼저 자신이 낙심하는 이유를 살펴보는 것이겠지요. 스스로에게 먼저 물어야 합니다.

"너는 왜 낙심하는가?"

무엇 때문에 낙심하고 있는지를 알아야 낙심의 문제를 어떻게 신앙 안에서 건강하게 해결할 것인가 답을 찾을 수 있지 않겠습니까? 그 해답이란 결국 깊은 상심의 바다에 가라앉아 있는 나 자신을 다시 인양해 보자는 것입니다.

물론, 바닥에 떨어진 마음을 다시 끌어올리는 것은 결코 쉬운 일이 아닙니다. 그러나 성경에는 낙심한 사람들에 관한 이야기가 많이 담겨 있습니다. 그 안에서 우리는 낙심을 이겨 낼 실마리를 여러 가닥 찾을 수 있습니다.

나 자신에게
물으라

성경은 낙심되는 일을 만났거나 상심했을 때, 널브러지지 말라고 권면합니다. 시편이 들려주는 탁월한 해법을 들어보십시오.

내 영혼아 네가 어찌하여 낙심하며 어찌하여 내 속에서 불안해하는가 너는 하나님께 소망을 두라 그가 나타나 도우심으로 말미암아 내가 여전히 찬송하리로다 _시 42:5

첫째, 낙심한 사람은 자기 자신에게 말을 걸어야 합니다. 평상시에 우리는 밖에서 들어오는 메시지를 주로 다룹니다. 사람들이 내게 들려주는 말과 보여 주는 이미지에 무방비로 노출돼 있습니다. 즉 정보나 교훈이나 지시 같은 메시지들을 받아들이는 데 익숙합니다. 그런데 외부에서 끊임없이 우리 내부로 침투해 들어오는 이 메시지들에는 어떤 의도나 목적이 담겨 있게 마련입니다. 문제는 그 숱한 메시지들이 대부분 우리를 낙담케 하거나 힘들게 하거나 분노케 한다는 사실입니다.

그러므로 성경은 다른 사람들이 어떤 의도를 가지고 내게 주입하고자 하는 메시지를 무작정 받아들이지 말라고 명령합니다. 역으로 자기 자신에게 스스로 메시지를 반복해서 전해야 한다고 지적합니다.

이것은 우리 삶의 전환점이 될 만큼 아주 중요한 논지입니다. 무엇보다도 사람들이 내게 끊임없이 던져 대는 모든 메시지를 무분별하게 받아들여서는 안 된다는 것입니다. 부정적인 메시지의 뭇매를 맞고 낙심한 채 주저앉아 있는 대신, "내 영혼아, 대체 어쩌자고 낙심하느냐?" 하고 자신에게 말을 걸어야 합니다. 즉 남의 메시지를 받아들이기만 하지 말고, 스스로 자신에게 메시지를 던져 주라는 것입니다. "왜 이러느냐?" 하고 자기 자신에게 말을 거는 것에서부터 기도가 시작되기 때문입니다.

코로나바이러스(Coronavirus)의 감염이 의심될 때, 가장 먼저 해야 할 조치가 무엇입니까? 자가(自家)격리입니다. 달리 말하자면, 자기(自己)격리입니다. 외부로부터 자신을 차단하는 것입니다. 사실, 바이러스보다도 부정적인 메시지가 더 무섭습니다. 감염병 사망자보다 자살 사망자가 훨씬 더 많기 때문입니다. 낙심은 감염의 일차 증상이므로, 의심되는 즉시 당연히 자기격리를 해야 합니다. 그다음 조치는 무엇입니까? 치유에 필요한 약을 복용하고, 면역력을 높여야 합니다. 즉 구약과 신약이라는 말씀의 약을 먹어야 합니다.

시편 기자는 42편 11절과 42편과 연결된 하나의 시로 여겨지는 43편 5절에서도 자신에게 똑같은 메시지를 반복해서 던집니다.

내 영혼아 네가 어찌하여 낙심하며 어찌하여 내 속에서 불
안해하는가 너는 하나님께 소망을 두라 나는 그가 나타나
도우심으로 말미암아 내 하나님을 여전히 찬송하리로다
_시 42:11

내 영혼아 네가 어찌하여 낙심하며 어찌하여 내 속에서 불
안해하는가 너는 하나님께 소망을 두라 그가 나타나 도우
심으로 말미암아 내 하나님을 여전히 찬송하리로다 _시 43:5

교회를 오랫동안 다녔어도 자기 자신과 대화할 줄
모르고, 오롯이 홀로 자신을 살펴볼 줄 모르는 사람이 많
습니다. 교회에서 온종일 사람들과 부대끼며 열심히 봉사
하지만, 정작 하나님과는 제대로 교제할 줄 모르는 사람
이 얼마나 많습니까? 하물며 자기 자신과 일생 단 한 번
도 친밀하게 교제해 본 일이 없는 사람들이 얼마나 많겠
습니까?

그러면 어떤 사람이 자기 자신에게 먼저 말을 걸 수
있을까요? 고독한 사람입니다. 고독을 선택할 줄 아는 사
람입니다. 고독할 줄 아는 사람이 자신과 대화할 수 있습
니다. 고독의 능력은 신앙에서 나옵니다. 신앙이 홀로 있

을 수 있는 능력을 길러 주기 때문입니다.

신앙인이란 하나님 앞에 홀로 나아갈 수 있는 사람입니다. 그렇게 단독자로 서 있을 줄 아는 사람이야말로 마음과 영이 참으로 건강한 법입니다. 그러므로 자문(自問)할 줄 알고, 대화보다 깊은 독백을 할 줄 알며, 자기 자신과 은밀한 시간을 누릴 줄 아는가는 신앙의 중요한 지표가 됩니다.

십수 년 전에 제가 신학교에 간다고 했을 때, 모든 사람이 저를 말렸습니다. 만나는 사람마다 걱정했습니다. "도대체 왜 그러세요? 나이가 오십이 넘었는데, 직장을 그만두겠다니 말도 안 돼요. 인제 와서 직업을 바꾸겠다고요?" 남편의 신앙을 위해 오랫동안 기도해 왔던 아내마저 극구 반대했습니다. 조롱 섞인 말들이 들려왔습니다. "이단에 빠졌나 봐." 근거 없는 헛소문을 전해 주는 사람도 있었습니다. 모든 사람의 말이 저를 낙심케 했습니다.

그러나 저는 사람들의 메시지를 모두 뒤로하고, 성경 안에 자기격리하기로 마음먹었습니다. 저 자신과 홀로 마주 앉아 대화하기 시작했습니다.

"두렵니? 낙심했어?"

펄쩍 뛰며 아니라고 대답하지 못했습니다.

"네가 지금 가장 하고 싶은 것이 무엇이지? 오늘 하루 살고 나서 하나님께 돌아가야 한다면, 너는 이 순간 무엇을 하고 싶니? 오늘 하루 무엇을 하다가 세상을 떠나고 싶니? 네가 정말로 하고 싶은 게 뭐야?"

그때 저 자신과 진지하게 대화하지 않았다면, 오늘날 이 길을 가고 있지 못했을 것입니다. 세상 사람들이 주는 어떤 메시지보다도 자기 자신에게 정직하게 묻고 진실하게 답해 얻은 메시지가 더 강력한 법입니다.

신앙 안에서의 자문자답(自問自答)은 단순히 혼자서 중얼거리는 독백이 아닙니다. 자신과 대화할 줄 안다는 것은 자기 영혼을 들여다볼 줄 안다는 것을 의미합니다. 그러므로 자문자답이야말로 성숙에 이르는 지름길입니다.

시편 121편에서도 자기 자신과 나누는 대화를 엿볼 수 있습니다.

내가 산을 향하여 눈을 들리라 나의 도움이 어디서 올까
나의 도움은 천지를 지으신 여호와에게서로다 여호와께서
너를 실족하지 아니하게 하시며 너를 지키시는 이가 졸지
아니하시리로다 이스라엘을 지키시는 이는 졸지도 아니하

시고 주무시지도 아니하시리로다 여호와는 너를 지키시는 이시라 여호와께서 네 오른쪽에서 네 그늘이 되시나니 낮의 해가 너를 상하게 하지 아니하며 밤의 달도 너를 해치지 아니하리로다 여호와께서 너를 지켜 모든 환난을 면하게 하시며 또 네 영혼을 지키시리로다 여호와께서 너의 출입을 지금부터 영원까지 지키시리로다 _시 121:1~8

시편 기자는 극심한 절망으로 낙심하고 상심했지만, 그를 도와줄 사람이 아무도 없었습니다. 그때 그는 과연 누구에게 도움을 청해야 할지 스스로 묻고 대답합니다.

"네 도움이 어디서 오는지 아느냐? 도움은 오직 하나님에게서 오는 거야. 하나님은 나를 실족하게 하지 않으실 거야. 사람들이 곁에 있어도 그들은 졸거나 잠자겠지만, 하나님은 졸지도 주무시지도 않으셔."

그는 자문자답함으로써 스스로 다독이며 하나님을 바라볼 것을 다짐합니다.

이처럼 낙심할 수밖에 없는 상황에 부딪히더라도 다른 사람들이 던지는 메시지를 깊이 묵상하기보다는 낙심하고 상심한 자신에게 스스로 말을 건네야 합니다. 자기 자신에게 낙심하지 말라고 명령해야 한다는 뜻입니다. 낙심하지 말아야 할 이유가 있기 때문입니다.

너는 소망을
하나님께 두라

자신에게 "내 영혼아 네가 어찌하여 낙심하며 어찌
하여 내 속에서 불안해하는가"(시 42:5) 하고 계속 묻다 보
면, 그동안 자신이 누구에게 소망을 두었던가를 깨닫게
됩니다. 즉 나도 모르게 내게 몹쓸 메시지를 던지는 사람
들에게 소망을 두었다는 사실을 발견한다는 것입니다.

자기가 의존하는 가까운 사람들에게서 낙심되는 말
을 듣고 싶은 사람은 아무도 없을 것입니다. 그들한테서
만은 하찮은 평가를 받고 싶지 않을 것입니다. 직장 상사
에게서 혹독한 말을 듣는다면 얼마나 낙심되겠습니까?
자신의 존재 가치를 인정받고 싶은 사람에게서 잔인한 메
시지를 받으면 마음이 툭 떨어져 바닥까지 내려앉습니다.

그러나 그럴 때 고독 가운데서 자기 자신과 대화를
나누어 보십시오. 어쭙잖게 자신에게 큰 기대를 걸었다는
사실을 깨닫게 될 것입니다.

때로는 "내가 뭔데? 내가 얼마나 대단한 존재라고···. 나만 하나님의 자녀가 아니잖아" 하고 스스로 꾸짖을 수 있어야 합니다. 다른 사람이 꾸짖으면 상처가 되지만, 스스로 자신을 꾸짖는 것은 성찰(省察)입니다. 즉 자기 마음을 살펴 돌이키는 것입니다. 세상에서는 반성이라고 하고, 신앙 안에서는 회개라고 합니다.

자기 자신과 대화하고 스스로 꾸짖는다고 하니 혹시 정신분열이 아닌지 의심됩니까? 결단코 아닙니다. 오히려 이것은 신앙인의 올바른 자세입니다. 왜냐하면 성찰은 곧 묵상(默想)이기 때문입니다. 자기 자신을 냉철하게 들여다봄으로써 내 영혼이 어디에 매여 있는지를 발견하는 작업입니다.

성찰의 결과로 얻는 것이 무엇입니까? 자기 자신을 과대평가했거나 과소평가했다는 깨달음입니다. 자신과 홀로 대화를 나누다 보면, 낙심의 원인은 자신에게 거는 헛된 기대나 자신에 대한 잘못된 평가에 있음을 깨닫게 됩니다.

낙심의 원인을 깨달은 뒤에는 마침내 두 번째 메시지에 도달합니다. 바로 "너는 하나님께 소망을 두라"(시 42:5)입니다. 너무 자주 들어서 식상합니까? 그러나 사람이 아닌 하나님께 소망을 두는 것이야말로 믿음의 본질임을 분명히 확인해야 합니다. 또한 이것은 우리의 상한 마음을 고쳐 주시는 하나님의 은혜를 경험하는 지름길입니다.

하나님께 소망을 두기 위해 우리는 성경을 읽고, 하나님이 내게 베풀어 주신 것을 다시 기억하고 끊임없이 회상해야 합니다. 그렇게 살아온 민족이 바로 이스라엘입니다. 그들은 무려 4천 년에 걸쳐 유월절을 꾸준히 지켜 왔습니다. 그것이 과연 쉬운 일입니까? 그들은 하나님이 유대 민족에게 베풀어 주신 은혜를 절대 잊지 않겠다는 다짐에서 오순절, 칠칠절, 초막절, 부림절 등 여러 절기를 지켜 왔습니다. 그럼으로써 하나님이 어떤 분이신지를 알 수 있었고, 어떤 분이신지 앎으로써 그분께 소망을 둘 수 있었습니다. 절기를 지키는 것은 하나님께 소망을 두는 그들만의 방법이었던 것입니다.

오늘날 우리를 낙심시키는 일이 얼마나 많이 일어나는지 모릅니다. 교회 안에서도 그런 상황에 심심찮게 부딪힙니다. 교회인 줄 알았는데, 교회 같지 않은 곳이 얼마나 많습니까? 그리스도인인 줄 알았는데, 그리스도인이 아닌 사람이 얼마나 많습니까? 심지어 목사에게 사기

당하는 성도가 있고, 성도에게 사기당하는 목사도 있습니다.

앞으로 우리가 살아갈 세상에서 이런 일들은 갈수록 더 심해질 것입니다. 우리를 낙심하게 만드는 일들이 계속 일어날 것이고, 예기치 않은 일들이 우리를 절망 가운데로 밀어 넣을 것입니다.

사람들은 희망보다는 절망에 더 익숙합니다. 그래서 대개는 희망적인 메시지보다는 부정적인 메시지에 훨씬 쉽게 그리고 즉각적으로 반응합니다. 그러나 성경은 어떤 상황이나 일에 부딪히든지 낙심하여 주저앉지 말고 일어나 계속 나아가라고 말합니다.

예수님은 베데스다 연못가에서 38년 된 병자를 일으켜 세우셨습니다. "일어나 네 자리를 들고 걸어가라"(요 5:8). 베드로는 성전 미문에 앉은 나면서부터 못 걷게 된 걸인에게 "나사렛 예수 그리스도의 이름으로 일어나 걸으라"(행 3:6)고 명령하고 그의 오른손을 잡아 일으켜 세웠습니다.

우리도 다시 일어설 수 있고, 일어서야 합니다. 그리고 스스로 자신에게 일어나라고 명령해야 합니다. 어려운 일들이 파도처럼 밀려올 때, 낙심의 바다에 빠져 익사하기 전에 자기 자신에게 그 이유를 물어야 합니다. 구원받은 자의 모습이 왜 이 모양이냐고 스스로 자기 자신을 나무랄 수 있어야 합니다. 자기 자신에게 도전하기를 꺼리지 않아야 건강한 그리스도인입니다.

물론 죽자 살자 하나님을 뒤좇는 것은 신앙의 기본입니다. 그러나 지금까지 하나님이 내게 베풀어 주신 것을 기억하고, 그 은혜에 비추어 자기 자신을 나무라는 것이야말로 성숙한 그리스도인이라면 마땅히 지녀야 할 태도가 아니겠습니까? 그럼으로써 어두운 낙심의 자리에서 일어나 빛 가운데로 걸어가야 하지 않겠습니까?

세상 사람들이 믿음으로 산다는 우리를 지켜보고 있습니다. 그리스도인이 어떻게 살아가는지, 어디서 힘을 얻는지 세상은 우리가 생각하는 것보다 더 집요하게 우리를 지켜보고 있습니다.

물론 우리의 신앙은 세상 사람들에게 보여 주기 위한 것이 아닙니다. 그러나 이것은 분명합니다. "신앙인들은 대체 우리와 무엇이 다른가?" "저들은 어떻게 이 어려운 상황에서도 다시 일어설 수 있지?" "그리스도인은 무슨 힘으로 저 위기를 돌파하며 나아갈 수 있는 걸까?" "믿음이 무엇이기에 저 낙심되는 상황 속에서도 웃을 수 있

는 것인가?" 세상이 궁금하게 여겨야 마땅합니다. 우리에
게 질문하는 것이 당연합니다. 우리를 보고 감탄하는 것
이 이상한 일이 아닙니다. 이런 일들이 하나님을 영광스
럽게 하는 것 아닐까요?

살다 보면, 누구든지 넘어질 수 있습니다. 그러나 우
리가 넘어진 자리에서 다시 일어서지 못하면, 즉 낙심의
늪에서 빠져나오지 못하면, 세상은 우리가 전하는 복음
을 좀처럼 받아들이지 않을 것입니다. "보아하니 당신 코
가 석 자나 빠져 있는 것 같은데, 먼저 당신이나 잘하시지
요." 그렇게 반응할 것입니다.

다른 사람의 "영혼을 사망에서 구원"(약 5:20)하려면,
먼저 구원을 누리는 우리가 낙심의 자리에서 우리 자신을
일으켜 세울 줄 알아야 하지 않겠습니까? 그래야 비틀거
리며 금세 쓰러질 것 같은 누군가를 잡아 주거나, 넘어져
혼자 힘으로 도저히 일어날 수 없는 사람의 손을 붙들어
일으켜 세워 줄 수 있지 않겠습니까?

낙심한 채 널브러져 있지 말고, 고독의 힘으로 자신
에게 말을 걸며 소망을 하나님께 두라고 스스로 명령하십
시오. 그리고 그 자리에서 일어나 주저앉아 있는 다른 사
람에게 다가가 손을 내밀어 주십시오. 사탄이 낙심의 칼

을 휘둘러 수많은 사람이 피 흘리며 죽어 갈 때, 구원받은 백성이 전도자의 입술이 되어 소망의 메시지를 선포해야 합니다. 그때 상한 심령들이 사방에서 회복될 것이며, 우리 모두가 주의 새로운 군사가 될 것을 믿습니다.

Q "아무것도 염려하지 말고 다만 모든 일에 기도와 간구로, 너희 구할 것을 감사함으로 하나님께 아뢰라"(빌 4:6)는 말씀대로 아무것도 염려하지 않고 믿음으로 기도했는데도 기도가 이루어지지 않은 것을 어떻게 이해하면 좋을까요?

믿음의 근거가 말씀이냐 아니면 내 생각이냐에 따라 다릅니다. 아브람은 하나님의 말씀을 따라 본토를 떠났고, 롯은 아브람을 따라 집을 떠났습니다. 결국, 아브람은 믿음의 조상이 되었고, 롯은 소돔과 고모라의 멸망을 겪는 와중에 아내를 잃고 말았습니다. 이처럼 사람이 아니라 말씀을 좇아 사는 인생은 승리합니다.

내 생각과 내 마음을 따라 기도하면서도 "하나님, 내 기도를 들어주실 줄 믿습니다!" 하고 목이 쉴 정도로 "주여, 주여"를 크게 외치기만 하면, 과연 모든 기도가 이루어지겠습니까? 내 생각이 아닌 하나님의 말씀을 내 약속으로 붙들 때, 하나님이 귀 기울여 주십니다. 로고스라고 하는 전체 메시지 중에서 하나님이 특별히 내게 주시는 언약의 말씀, 레마를 붙들어야 합니다. 그 말씀을 붙들고 기도할 때, 아무것도 염려하지 않게 됩니다.

예수님은 "너희가 내 안에 거하고 내 말이 너희 안에 거하면 무엇이든지 원하는 대로 구하라 그리하면 이루리라"(요 15:7)고 말씀하셨습니다. 예수님의 말씀이 우리 안에 있을 때에야 무엇을 구하든 이루어질 것입니다. 그리고 예수님의 말씀이 있을 때에만 우리는 예수님의 이름으로 기도하고 있는 것입니다.

그런데 말씀은 하나도 없이 자기가 원하는 것을 구한다면, 굳이 하나님께 기도할 필요가 있습니까? 무당을 찾아가도 됩니다. 믿는 대로 이루어질 것이라는 긍정적인 사고방식이나 주술 또는 주문을 외는 것이나 자기 소원을 빈다는 점에서 다를 것이 없기 때문입니다.

우리의 기도는 하나님의 계획을 이루는 것입니다. 우리가 왜 말씀을 붙듭니까? 하나님이 원하시는 것을 내 소원으로 받아들이기 위해서 하나님의 말씀을 붙드는 것입니다. 즉 내 소원을 하나님께 들이밀기 위해서 기도하는 것이 아니라는 뜻입니다. 이것을 꼭 기억하십시오. 그러나 안심하십시오. 그럴 때 하나님은 내가 입 밖에 내지도 않은 은밀한 기도까지 응답해 주십니다.

Q 하나님께 지혜를 구해야 한다는 건 아는데, 성경을 읽기보다는 자기 계발서나 유튜브 강의를 더 많이 보게 됩니다. 성경만 읽어도 충분할까요? 제가 괜한 짓을 하는 걸까요?

자기 계발서든 유명 강사의 강의든 내게 필요한 지식

과 정보를 얻을 수 있다면 참고가 되겠지요. 그런데 세상에 떠도는 지혜의 대부분이 성경에서 비롯되었다는 사실을 압니까? 목이 마르면 물을 마셔야 하듯이, 삶의 해답을 찾으려면 진리를 구해야 합니다. 진리가 밥 먹여 주지 않는다는 말은 진리의 가치를 모르고 하는 소립니다. 세상의 다양한 경로를 통해서 지식과 지혜를 얻을 수는 있지만, 사실 그것들은 성경에 담긴 진리의 파편에 불과합니다.

저는 세상의 다양한 종교를 섭렵하고 이런저런 책을 읽었지만, 결국 성경 앞에서 모든 것을 내려놓게 된 경험이 있습니다. 책을 백 권 읽는 것보다 성경을 처음부터 끝까지 한번 읽어 보는 것이 더 낫다고 말씀드릴 수 있습니다. 씨줄과 날줄로 엮인 지혜의 그물을 성경에서 발견할 수 있기를 바랍니다. 그리고 우리는 반드시 말씀을 먹어야 합니다. 말 그대로 '먹는' 것입니다. 어린아이는 말을 먹음으로써 인식합니다. '아빠'란 말을 먹으면 내 안에 '아빠'가 인식되는 것입니다. 말씀을 먹음으로써 하나님이 자각되고 인식되는 상태로 변화합니다.

시편 23편부터 먼저 읽어 보기를 권합니다. 10번도 읽고, 100번도 읽어 보세요. 일 년 동안 해보면 정말 말씀처럼 부족함이 없는 삶을 실제로 살게 됩니다. 그게 신앙입니다. 그다음은 암송을 권면합니다. "여호와는 나의 목자시니 내게 부족함이 없으리로다"라는 말씀을 묵상하고 기도해 보십시오. "하나님을 믿으면 정말 제가 부족함이 없을까요?" 하고 질문도 해 보십시오. 기도는 여기서부터 시작해야 합니다.

성경으로부터 삶을 새로 구축하지 않으면 바른 신앙인이 될 수 없습니다. 성경을 아무리 오래 공부해도 자칫하면 종교인에 머물 수 있습니다. 바르게 알기 위해서는 성경뿐 아니라 고대 근동 역사, 성경 지리에 관한 지식도 있어야 하지만, 이것들을 너무 의지하다 보면 하나님을 향한 간절한 마음이 분산되기 쉽습니다. 그렇다고 지식을 무시한 채 직통 계시를 바라고 "제게 말씀하소서. 동으로 가면 될까요, 아니면 서로 가야 할까요?" 묻고서 답을 기다리면 안 됩니다.

성경이 너무 어렵게 느껴지면 쉽게 풀어 쓴 성경이 있으니 자신에게 맞는 것을 찾아 말씀을 꼭 먹어 보길 바랍니다. 그리고 가정 예배를 회복하길 바랍니다.

부모와 자녀가 같이 성경을 읽고 기도하십시오. '나부터 잘해야겠구나' 하는 생각이 저절로 들게 됩니다. 자녀가 성경을 스스로 읽으면, 부모가 잔소리할 일이 없습니다. 성경이 잔소리를 다 해 주기 때문입니다. 매일 만나를 먹듯 성경을 조금씩 먹는 아이들은 공부해야 할 목적을 스스로 찾아갑니다.

자녀를 교회에만 맡기지 말고 가정에서 날마다 함께 성경을 읽음으로 아이들 안에 성경적 세계관과 가치관과 인생관이 자리 잡을 수 있도록 도와주십시오. 하나님이 우리 모든 가정에 주시는 시대적 소명입니다.

성경은 먼저 제도나 체제를 바꾸어야 한다고 말하지 않습니다. 도리어 자기 자신부터 바꾸어야 한다고 말합니다. 즉 내가 거듭나야 하고, 내가 구원받아야 한다는 뜻입니다. 구원이야말로 모든 것의 시작이기 때문입니다.

그러나 선생을 잘못 만나면 진짜로 큰일 납니다. 특히 이단들은 성경 공부를 하자면서 미혹하는 일이 많으니 조심하십시오. 반드시 예수님께 돌아가야 답이 있습니다.

Q 하나님은 영적인 세계에 계시고, 현실 세계에 사는 나와는 상관없는 분처럼 여겨질 때가 있습니다. 성경의 하나님을 실제 삶 속에서도 만나려면 어떻게 해야 할까요? 아브라함의 하나님, 이삭의 하나님, 야곱의 하나님이 아닌 나의 하나님을 만나고 싶습니다.

깊은 어둠 속을 지날 때, 아빠를 부르는 이유는 아빠가 내 음성을 듣고 곧장 달려올 것을 알기 때문입니다. 홀로 앉아서 하나님 아빠를 목청껏 불러 보기 바랍니다. 하나님 아빠께 마음껏 하소연하십시오. 목놓아 울어도 좋고, 야곱처럼 하나님을 붙들고 씨름해도 좋습니다. 떼를 쓰면 또 어떻습니까? 아빠 품에 안긴 것 같고, 아빠가 내 이야기에 귀를 기울이는 것 같은 그런 친밀감을 느끼기를 바랍니다. 예수님도 "하나님 아빠"를 자주 부르셨습니다.

그래서 하나님은 우리에게 골방의 시간을 요구하십니다. 골방에서 하나님과 단둘이 만나는 시간을 가져 보십시오. 굳이 새벽 시간이 아니어도 홀로 앉아 하나님을 아빠로 부르는 시간이 필요합니다. 하나님 앞에 앉아 기도하고, 말씀을 읽으십시오. 하나님과 친밀해지는 것보다 더 확실한 치유법은 없습니다. 하나님 아빠와의 친밀함이 있다면, 그것이야말로 아름다운 동행의 삶입니다.

"믿음은 들음에서"(롬 10:17) 난다고 하지요. "모든 것이 합력하여 선을 이루느니라"(롬 8:28)라는 말씀을 듣고 기억한다면, 어떤 상황에도 낙심하지 않을 수 있습니다. 오히려 주님이 이 일을 통해 어떤 선한 일을 하시려는지 기대할 수 있습니다.

물론 하나님이 내 하나님이 되셔도 고난은 면제되지 않습니다. 오히려 고난이 파도처럼 몰려올 수도 있습니다. 그러나 하나님이 함께하신다면, 우리는 고난 위에서 파도타기를 할 것입니다. '고난의 파도타기.' 생각만 바꾸어도 힘이 나지 않습니까?

Q 이제 막 믿기 시작한 친구의 부모님이 너무 보수적이라 교회에 다니는 것을 극렬히 반대하십니다. 부모를 공경해야 하는데, 또 한편으로는 거슬러야 하니 혼란스럽다고 합니다. 그 친구에게 어떤 조언을 해 주면 좋을까요?

부모를 공경하는 것이 당연합니다. 그런데 우리는 주 안에서 부모를 공경해야 합니다. 그러려면 주님을 더 사랑하는 결단의 행동이 필요합니다. 결국, 갈등이 일어날 수밖에 없습니다.

이럴 때, 부모에게 이전과 다른 모습을 보여 주어야 합니다. 부모의 예상과 기대를 뛰어넘는 변화된 삶의 모습이 드러나야 한다는 뜻입니다.

얼마 전에 교회에 처음 나온 분이 찾아와서 부모님이 제사를 지내시는데 어떻게 해야 좋을지 모르겠다며 상담을 요청했습니다. 그래서 저는 제삿날마다 부모님 댁에 가라고 말해 주었습니다. 마음이 계속 불편하면, 부모님에게 솔직하게 말씀드리라고 했습니다.

"아버지, 제가 크리스천이 되었는데, 하나님 외에는 절하지 말라고 배웠어요. 하지만 아버지가 제사 지내시는데 안 와 볼 수도 없고 해서 마음이 불편해요. 그러니 제사 비용을 제가 다 대고, 음식 준비나 설거지도 제가 다할 테니, 아버지가 절하실 때, 저는 뒤에 서서 기도하게 해 주세요."

이렇게 솔직하게 진심을 담아서 말하면, 아버지의 마음이 조금이나마 풀리지 않겠습니까?

제사 때마다 나 몰라라 하면, 아무리 자식이라도 미워지겠지요. 그러면 관계가 끊어지지 않겠습니까? 신자와 불신자와의 갈등은 피할 수 없는 일이지만, 아버지와 자녀의 관계가 끊겨서는 안 될 것입니다. 그러니 갈등을 잘 조절해야 합니다.

신앙인으로서의 자세를 지키겠다는 단호함을 보이되 나머지는 다 양보할 수 있어야 합니다. 믿음 하나를 지키기 위해서 다른 것들은 다 양보해야 합니다. 엄청난 수고와 손해를 감수하고서라도 다른 사람을 먼저 배려하십시오. 내가 기꺼이 손해 보는 모습을 보여 주어야 사람의 마음이 움직입니다. 그렇게 함으로써 "너를 보니 나도 예수님을 믿어야겠구나"라는 말을 듣게 되기를 바랍니다.

2

내가 한 일이
없습니다

고린도는 로마 제국 시대에 지중해 연안 해상 교통 및 무역의 중심지로 물질적으로 번성한 도시였습니다. 또한 안전한 항해를 기원하는 여러 나라와 민족의 우상들이 총집결하여 우상 숭배가 만연하고 도덕적으로 말할 수 없이 타락했습니다. 그 영향으로 당시 고린도 교회는 말도 많고 탈도 많은 교회였습니다.

사도 바울은 고린도 교회의 문제를 해결하기 위해서 편지를 보냅니다. 그가 가장 먼저 제시한 처방은 다름 아닌 십자가의 도입니다.

십자가의 도가 멸망하는 자들에게는 미련한 것이요 구원을 받는 우리에게는 하나님의 능력이라 _고전 1:18

바울은 우리를 위해 십자가에서 죽으신 그리스도의 사랑과 희생에 온 마음을 모은다면 교회 문제가 자연히 해결될 것으로 믿었습니다. 그래서 소위 '사랑장'이라 불리는 고린도전서 13장을 통해 주님이 몸소 보여 주신 사랑의 본질에 관해 가르칩니다. 결국, 고린도교회가 안고 있는 문제의 뿌리는 사랑이 부족하다는 것입니다. 바울은 우리의 신앙에 "믿음, 소망, 사랑, 이 세 가지는 항상 있을 것인데 그중의 제일은 사랑"(고전 13:13)이라고 결론 맺습니다.

사도 바울은 "내가 어렸을 때에는 말하는 것이 어린아이와 같고 깨닫는 것이 어린아이와 같고 생각하는 것이 어린아이와 같다가 장성한 사람"이 되어서야 이것을 깨달았다고 고백하고, 깨달은 후에는 "어린아이의 일"을 버렸다고 말합니다(고전 13:11).

그가 말하는 "어렸을 때"란 유소년 시절을 가리키는 게 아닙니다. 예닐곱 살 때는 미성숙하여 어수룩하게 생각하고 행동했지만, 어른이 되면서 성숙해졌다는 말이 아닙니다. 그는 예수님을 모르던 시절을 가리켜 어린아이와 같은 삶이라고 말합니다. 예수님을 만나고, 예수님을 알게 되면서부터 비로소 어른스러운 삶을 살게 되었다고 고

백한 것입니다.

올바른 신앙은 어린아이가 어른이 되듯이 날로 성숙해져 갑니다. 그와 달리 잘못된 신앙은 갈수록 볼썽사나워집니다. 하나님을 믿는다고 하면서도 어린아이가 저밖에 모르듯 어제나 오늘이나 자기만을 내세우고 자기만을 고집하는 삶을 살아간다면 여전히 미성숙한 것입니다. 달리 말하면 종교 생활에 열심을 다해도 성숙해지기는커녕 오히려 어려질 수가 있다는 말입니다. 사도 바울은 예수님을 직접 만나고 나서야 비로소 그 사실을 깨달았습니다.

어떻게 낙심하는 습관에서
벗어날 수 있는가?

사람들이 성인이 되었음에도 불구하고 어린아이와 다를 바 없을 때 무엇이 문제가 됩니까? 갈등과 다툼이지요. 사사건건 부딪히는 것입니다. 무슨 까닭에 관계마다 소리가 납니까? 예수님이 가르쳐 주십니다.

"너희들이 아직도 누가 더 큰가를 다투는구나."

어린아이들이 잘 놀다가도 갑자기 다투는 이유가 무엇입니까? 먼저 내것 네것을 따지는 주장과 고집 때문입니다. 또한 주도권 싸움 때문입니다. 어릴 때는 자기 이야기가 많습니다. 내가 중심이 되어야 한다는 생각이 가득합니다. 그러나 어른스러워진다는 것은 나에게서 자연스럽게 벗어나는 삶을 가리킵니다. 어른스러워진다는 것, 즉 신앙 안에서 성숙해져 간다는 것은 자기 자신을 향한 관심이나 기대가 적어지고, 오히려 주변 사람들, 나아가 멀리 있는 사람들에게 관심을 기울이게 된다는 뜻입니다.

그리스도인이라고 자처하면서도 왜 신앙 안에서 쉽게 좌절하고 낙심합니까? 예수님을 믿는다고 하면서도 항상 예수님보다 자기 자신에 관한 관심이 더 크기 때문입니다. 예수님의 이름과 힘을 빌려서, 신앙의 이름으로 자신이 원하는 것을 성취하는 것이 목적이고, 자기가 더 주목받는 것이 목적이고, 자기 이름이 더 널리 드러나는 것이 목적이기 때문입니다. 그런 목적으로 신앙생활을 하다 보면, 어느 날 자신도 모르는 새에 그리스도와는 아무 상관이 없는 기괴한 종교인이 되어 있는 것입니다.

우리는 사도 바울이 어떻게 어린아이의 일을 버리고 장성한 사람이 되었으며, 그렇게 성장함으로써 어떻게 낙심하는 습관에서 벗어날 수 있었는지를 살펴볼 것입니다.

사실 당시 초대교회에서는 사도 바울에 관한 사도권 시비가 잦았습니다. "저 사람이 무슨 사도야? 예수님이 직접 불러서 제자 삼으셨던 사람이 아닌 건 고사하고, 예수님을 따라다닌 적도 없는 데다가 심지어 예수님 믿는 사람들을 잡아다가 옥에 가두지 않았는가? 그런데 어떻게 저 사람을 사도로 부를 수 있다는 말인가?" 바울은 회심 이후 이런 말을 수없이 들어야 했습니다.

실제로 그는 스데반이 돌에 맞아 죽을 때 그 자리에 있었고, 그리스도인들을 체포하러 다메섹(다마스쿠스)까지 달려갔습니다. 그런 바울의 과거를 기억하는 자라면 누구도 그의 사도권을 인정하기가 쉽지 않았을 것입니다.

날마다 그런 시비를 들어야 하는 바울은 낙심할 수밖에 없었을 것입니다. 그는 분명히 예수님을 만났습니다. 친히 자신의 이름을 부르시는 예수님의 음성을 들었습니다. 열두 제자들을 부르셨듯이 바울 자신에게도 이방인을 위해 택한 그릇이라는 소명을 주셨습니다. 그러나 다수의 사람들이 그를 예수님의 제자나 사도로 인정해 주지 않았으니 얼마나 괴로웠겠습니까?

그런데도 바울은 "그렇다. 나는 교회를 박해했던 사

람이고, 사도 중에서도 가장 보잘것없는 존재다. 사도라 불리는 것을 감당할 수 없을 정도다. 그렇지만 나는 낙심하지 않는다"고 말합니다. 분명 좌절할 수밖에 없는 상황이지만 어떻게 바울이 낙심하지 않을 수 있었을까요? 그 이유는 바로 "내가 나 된 것", 즉 바울 자신이 그리스도의 제자가 된 것과 그리스도의 사도로 보냄받은 것은 무슨 자격이 있어서가 아니라 오직 하나님의 은혜임을 알았기 때문입니다.

은혜란 무엇입니까? 자격이 없는데도 자격 있는 것처럼 여겨 주는 것 아닙니까? 한 일이 아무것도 없는데, 큰 선물을 받는 것 아닙니까? 그리스도인이 자주 쓰는 단어 중 하나가 바로 은혜인데, 가장 저평가되고 덜 이해되는 단어가 바로 이 은혜이기도 합니다.

사도 바울은 자신이 은혜받은 자임을 알았습니다. 바울은 자신이 받은 은혜의 높이와 넓이와 길이와 깊이를 알았습니다. 아니 천분의 일, 만분의 일도 제대로 알 수 없다는 것을 깨달았습니다. 그는 그 은혜에 뒤덮였습니다. 세간의 모든 시비와 비난과 모욕과 중상을 다 덮어 버릴 정도로 그 은혜가 차고 넘침을 알았습니다. 그런데 어떻게 낙심할 수 있습니까?

은혜는 세상의 모든 저울을 쓸모없게 만들어 버립니다. 좌절의 이유, 실망의 이유, 낙심의 이유, 분노의 이유, 복수의 이유… 그 모든 이유를 저울의 한쪽에 놓고 나서 다른 쪽에 은혜를 놓습니다. 그 이후 저울의 추는 은혜쪽에 기울어져 다시 되돌아가지 않습니다. 그래서 믿음의 사람들은 낙심할 수밖에 없는 상황에도 물러서기는커녕 기꺼이 그 상황 속으로 뛰어듭니다. 그뿐만 아니라 어떤 절망적인 상황에서도 절대로 포기하지 않습니다.

바울이 어떤 삶을 살았는지 한번 보십시오.

그들이 그리스도의 일꾼이냐 정신없는 말을 하거니와 나는 더욱 그러하도다 내가 수고를 넘치도록 하고 옥에 갇히기도 더 많이 하고 매도 수없이 맞고 여러 번 죽을 뻔하였으니 유대인들에게 사십에서 하나 감한 매를 다섯 번 맞았으며 세 번 태장으로 맞고 한 번 돌로 맞고 세 번 파선하고 일주야를 깊은 바다에서 지냈으며 여러 번 여행하면서 강의 위험과 강도의 위험과 동족의 위험과 이방인의 위험과 시내의 위험과 광야의 위험과 바다의 위험과 거짓 형제 중의 위험을 당하고 또 수고하며 애쓰고 여러 번 자지 못하고 주리며 목마르고 여러 번 굶고 춥고 헐벗었노라 고후 11:23~27

매를 두 번, 세 번 맞으면 익숙해져서 덜 아픕니까? 옥에 몇 번 들락날락하면 적응되어서 덜 힘듭니까? 아닙니다. 오히려 매를 맞아 본 사람은 갈수록 매가 더 두려워집니다. 겨우 옥에서 풀려났는데, 또 들어가라고 하면 오금이 저린 법입니다. 바울은 돌에 맞아 성 밖에 버려지기도 했습니다. 그런데도 그는 아무 일도 없었다는 듯이 툭툭 털고 일어나 이웃 도시로 가서 계속 전도했습니다. 그가 우울증에 빠져 전도할 수 없었다거나 몸져누워 전도를 그만두었다는 기록은 어디에도 없습니다.

그를 때리고, 가두고, 넘어뜨리는 일이 한두 번이 아니라 계속 꼬리를 물고 일어났는데도, 그는 어떻게 그 모든 고난과 환난과 핍박을 견딜 수 있었을까요?

사도 바울은 관계의 어려움 또한 많이 겪은 사람입니다. 그를 사도의 길로 이끌어 준 멘토와도 같은 사람이 바나바입니다. 바울은 바나바를 통해 베드로를 비롯한 예루살렘의 여러 사도들과 그리스도인들을 소개받았고 교제할 수 있었습니다. 바나바 덕분에 안디옥교회로 초대되었으며, 바나바의 인도로 제1차 선교 여행을 다녀올 수 있었습니다. 그런데 두 번째 선교 여행 때, 두 사람은 바나바의 조카인 마가 때문에 다투고 헤어집니다.

결코 싸울 수 없는 사람, 절대로 싸워서는 안 될 사람과 다툰 것입니다. 그런 사람과 다투고 나면, 스스로 자책하기 마련입니다. '내가 어쩌자고 그에게 그런 험한 말을 했을까…. 왜 나는 그의 부탁 하나를 제대로 들어 주지 못했나.' 바울은 깊은 회한에 사로잡힐 법도 한데, 아무 일 없었다는 듯이 실라를 데리고 제2차 선교 여행을 떠납니다.

그뿐 아닙니다. 바울은 예루살렘 교회가 어려움을 겪고 있다는 소식을 듣고, 소아시아 교회들이 낸 헌금을 가지고 예루살렘에 갔다가 체포되었습니다. 그리고 2년 동안 부당한 재판을 받다가 죄수의 몸으로 로마에 가게 되었습니다. 그렇다고 바울이 낙심했습니까? 낙심할 수밖에 없는 상황에 수없이 내던져졌지만, 그는 오뚝이처럼 일어서고 또 일어서서 자신에게 주어진 소명을 감당하며 나아갔습니다.

낙심할 수밖에 없는 상황을 그는 끊임없이 뚫고 나갑니다. 그가 그렇게 할 수 있었던 것은 "내가 나 된 것은 하나님의 은혜"(고전 15:10)임을 알았기 때문입니다. 그는 은혜의 저울을 잊은 적이 없습니다. 저울의 눈금에서 시선을 돌린 적도 없습니다. 그러므로 바울은 내가 한 일이 없고, 내 것이 없다고 고백합니다. 바울은 낙심하지 않으려고 애쓴 것이 아니라 낙심되지 않았고 낙심할 수 없었던 것입니다. 경이로운 일입니다. 참으로 은혜로운 삶입니다.

수많은 낙심의 지뢰를
피하는 비결

낙심을 이기는 첫 번째 비결은, 그리스도인은 자기 것으로 섬기거나 자기 능력으로 일하지 않는다는 사실을 아는 것입니다. 이러한 자기 인식과 자기 고백에서 낙심을 이길 힘을 얻습니다. 즉 그리스도인으로서 자기 정체성을 분명하게 확인할 때 낙심하지 않을 수 있다는 말입니다.

왜 낙심합니까? 열심을 다해 일했는데 인정을 못 받으니까 낙심합니다. 100을 투자했는데, 20밖에 돌아오지 않으니 낙심합니다. 자기 힘과 능력으로 하나님의 일을 하는 사람은 수시로 낙심합니다. 끊임없이 계산하고 비교하는 사람은 틈만 나면 낙심합니다. 그러나 내 것을 가진

적 없고 다른 사람에게 빌린 것 없어 오직 은혜로만 일하는 사람은 낙심할 일이 없습니다.

사도 바울이 낙심하지 않을 두 번째 비결을 말해 줍니다.

너희에게나 다른 사람에게나 판단받는 것이 내게는 매우 작은 일이라 나도 나를 판단하지 아니하노니 내가 자책할 아무것도 깨닫지 못하나 이로 말미암아 의롭다 함을 얻지 못하노라 다만 나를 심판하실 이는 주시니라 _고전 4:3~4_

대개 우리는 누구보다도 먼저 자신을 스스로 판단하곤 합니다. 작은 성과에도 "대단해! 진짜로 대단한 일을 해낸 거야. 난 정말 뛰어난 존재야" 하고 자화자찬합니다. 스스로를 과대평가하는 사람일수록 막상 다른 이들이 알아주지 않거나 기대와 달리 주위로부터 별다른 평가나 주목을 받지 못하면 쉽게 낙심합니다.

그런데 바울은 다른 사람에게 판단받는 일이 매우 작은 일이라고 말합니다. 더 나아가 자신을 스스로 판단하지 않는다고 말합니다.

사람들이 "바울이 무슨 사도야. 네까짓 게 무슨 사도

냐고?"하며 끝없이 비난해도, 그는 개의치 않습니다. 어떤 비난과 비방도 그에게는 작은 판단에 불과하기 때문입니다. 하나님에게 판단받는 일이 큰일이지 인간한테 판단받는 것은 그렇게 중요하지 않다는 것입니다. 그러니 바울에게는 사람의 판단이 자책할 일도 아니고, 낙심할 일도 아닙니다.

"나는 나를 스스로 판단하지 않는다." 이러한 삶의 분명한 원칙을 배울 수만 있다면, 우리는 훨씬 더 자유롭게 살 수 있지 않겠습니까? 다른 사람의 평가에 연연하지 않으면, 어떤 말을 들어도 낙심하지 않을 수 있습니다.

하나님은 우리에게 기쁨 가운데 자유롭게 살 능력을 주셨고, 그렇게 살아가기를 기대하십니다. 그런데 문제는 무엇입니까? 우리가 하나님의 기대를 저버린 채 자꾸 악한 자들의 고소에 귀를 기울이고, 낙심하도록 부추기는 못난 자들의 속삭임에 동조한다는 것입니다. 거꾸로 해야 하지 않겠습니까?

사도 바울이 낙심하지 않을 세 번째 비결을 말해 줍니다. 바로 "자랑하지 않는 것"입니다. 낙심은 자랑과 언제나 붙어 다닙니다. 자기 자랑이 많은 사람은 낙심할 일도 많습니다.

미인이라는 소리를 많이 듣는 사람일수록 자기 외모에 대한 열등감이 크다는 사실을 압니까? 보는 사람마다 예쁘다고 칭찬해 주는데, 아무 칭찬도 해 주지 않는 사람을 만나면 낙심하는 것입니다. '왜 이 사람은 나를 보고도 예쁘다는 말을 하지 않지? 화장을 잘 못했나? 옷이 안 어울리나?' 하는 바보 같은 질문을 계속하며 자기를 어지럽힙니다.

저는 누가 제 설교에 은혜받았다고 인사하면, 그냥 한 귀로 듣고 한 귀로 흘려버립니다. 은혜를 받지 못한 사람은 더 있을 것이고, 그들은 저한테 얘기를 안 할 테니 말입니다. 사람들이 불쑥 던지는 말에 우리는 얼마나 쉽게 걸려서 넘어집니까? 물고기가 낚싯바늘에 걸리면 제 힘으로는 빠져나오지 못하듯이, 말의 낚싯바늘을 잘못 물면 하릴없이 끌려다녀야 합니다. 우리 머리 위로 얼마나 많은 낚싯바늘이 하루 종일 오가는지 모릅니다. 사탄이 수많은 낚싯바늘을 드리우고서 웃음 가득한 얼굴로 우리가 그 바늘 물기만 기다리고 있습니다. 이 사실을 인지해야 합니다.

그렇다고 사람들의 평가를 무조건 무시하라는 말이 아닙니다. 무엇이 진짜로 중요한 판단인지를 분별할 수 있어야 한다는 말입니다. 무엇보다도 스스로 자신을 판단해서는 안 됩니다. 회개는 반드시 필요하지만, 후회만으로는 아무 소용이 없습니다. 성찰은 중요하지만, 낙심하고 주저앉아서 일어나지 못하는 것은 불신의 증거일 뿐입니다.

사람들의 판단을 무조건 무시하면 게을러지기 쉽습니다. 최선을 다하지 않고, 책임을 회피할 수 있습니다. 그러나 바울은 게으름을 피운 적이 없습니다. 바울은 진심으로 하나님을 경외했기에 그분 앞에서 늘 최선을 다해 살았으며, 목숨을 걸고 일했습니다.

낙심하는 어린아이에서
소망 품은 어른으로

자기 자신이 중요한 사람일수록 낙심할 일이 더 많습니다. 그러나 자기 자신에만 집중하는 어린아이에서 하나님과 주변에 관심을 기울이는 어른으로 성장한다면, 그만큼 낙심할 일이 줄어듭니다. 하나님은 온전한 계획을 가지고 계십니다. 하나님을 신뢰하십시오. 나에 관한 소망이 줄어들고 하나님에 관한 소망이 늘어나면 우리는 낙심에서 벗어나 오히려 기대하게 됩니다. 낙심할 수밖에 없는 상황에 부딪혀도 낙심하지 않는 경험을 하시길 바랍니다.

자신을 향한 관심을 하나님께로 옮기십시오. 관심을 나 자신에서 이웃이나 공동체로 옮겨 보십시오. 관심을 하나님과 공동체로 옮길수록 자신에게 낙심할 기회가 점점 줄어든다는 사실을 알게 될 것입니다. 우리는 언제 터질지 모르는 지뢰밭 사이를 걷고 있지만, 하나님이 친히 인도해 주신 덕분에 지뢰를 밟지 않고 지금까지 살아왔다는 사실을 알아야 합니다.

사도 바울은 하나님의 은혜를 알았고, 자신을 스스로 판단하지 않았으며, 함부로 자랑하지도 않았습니다. 그럼으로써 그는 사탄이 드리워 놓은 낚싯바늘에 걸리지 않았고, 땅에 뿌려 놓은 지뢰를 밟지 않았으며, 곳곳에 놓여 있는 덫에 걸리지 않았습니다. 사도 바울이 가진 단호한 믿음의 태도를 배운다면, 낙심의 바다에 빠져 허우적거릴 일이 없을 것입니다.

자기 자신을 믿으면 실망할 것입니다. 다른 사람들을 믿으면 낙심할 것입니다. 그러나 하나님을 믿으면 소망이 자랄 것입니다. 하나님은 하나님을 아버지라고 부르는 자녀들을 위해 온전한 계획을 가지고 계십니다. 그러니 하나님을 신뢰하십시오. 하나님을 향한 소망이 커질수록 낙심에서 멀어지고, 우리 마음속에는 기대가 차오르게 될 것입니다.

미국 육사 교과서에 기록된 유일한 한국인 임종덕 씨는 월남전 당시 두 번이나 포로가 되었지만, 불굴의 의지와 믿음으로 맞서다가 극적으로 탈출했습니다. 그는 귀국 후에 백악관에서 존슨 대통령이 직접 달아 주는 은성 무공훈장(Silver Star Medal)을 받고 대위에서 소령으로 특진했습니다. 존슨 대통령이 절체절명의 고난 가운데서도 낙심하지 않고 이겨낼 수 있었던 힘이 무엇이냐고 그에게 물었습니다.

"하나님이 언제나 저와 함께해 주셨습니다."

그는 사방에 월맹군밖에 없는 적진 한가운데서도 하나님이 나와 함께하신다는 믿음으로 모든 것을 이겼습니다.

자기 자신에 대한 소망과 기대 대신에 하나님을 향한 기대와 소망을 품은 사람은 좀처럼 낙심하지 않습니다. 그리고 결코 포기하지 않습니다. 미래가 불안하고 어두워서 낙심하는 게 아니라 낙심하기 때문에 미래가 어두 워지는 것입니다. 그러니 이제 그만 자기 연민, 자기주장, 자기 고집에서 벗어나십시오. 지금이야말로 걸핏하면 낙심하는 어린아이가 아니라 무슨 일이 있어도 낙심할 수 없는 어른이어야 할 때입니다.

Q 딸아이가 유학 가고 싶다고 해서, 사립 외고를 다니며 유학 준비를 하게끔 뒷바라지를 했습니다. 그런데 성적이 영 좋지 않습니다. 부담될 정도로 투자를 많이 했는데도 결과가 좋지 않으니 너무 실망스럽고 낙심됩니다. 아이가 미워질 정도입니다. 그렇다고 인제 와서 딸의 꿈을 무시하고 현실에 맞게 진로를 수정하라고 다그치기엔 마음이 약합니다. 마음은 마음대로 깨지고, 돈은 돈대로 깨지니 괴롭기만 합니다.

무엇보다도 부모는 형편이 어려울 때 자녀에게 솔직했으면 좋겠습니다. 무리할 것 없습니다. 형편이 안 되어도, 아이가 정말로 원하면 죽을힘을 다해서 자기 길을 찾아가곤 합니다. 그 열정을 누가 말리겠습니까? 특히 하나님이 주신 꿈이라면, 아무도 못 말립니다. 어떤 환경이나 어려운 조건도 이겨 냅니다. 그러나 간절한 꿈이 아니면, 포기해 버리고 맙니다.

그러므로 부모가 너무 무리할 필요는 없습니다. 자녀에게 양껏 해 주지 못한다고 해서 낙심할 필요가 없습니다. 자책하지 마십시오. 부모가 자녀에게 맞추기 위해 최선을 다하는데, 자녀도 부모에게 맞추기 위해 노력해야 하지 않겠습니까? 부모든, 자녀든, 부부 사이든 서로 노력해야 합니다.

사도 바울의 고백을 상기해 보십시오.

내가 궁핍하므로 말하는 것이 아니니라 어떠한 형편에든지
나는 자족하기를 배웠노니 나는 비천에 처할 줄도 알고 풍
부에 처할 줄도 알아 모든 일 곧 배부름과 배고픔과 풍부와
궁핍에도 처할 줄 아는 일체의 비결을 배웠노라 _빌 4:11~12

가난하건 부유하건 스스로 우쭐대거나 낙심하지 않는
다는 뜻입니다. 그는 어떤 처지에서도 스스로 만족하는
법을 배웠기 때문입니다.

인생의 바닥을 치는 것을 두려워하지 마십시오. 바닥
을 쳐야 올라갑니다. 바닥을 경험할 기회가 없는 게 오히
려 안타깝습니다. 부모가 자녀에게 저지르는 잘못 중 하
나가 바로 자녀가 바닥을 치는 꼴을 못 견디는 것입니다.

〈탕자의 비유〉에서 둘째 아들이 먼 나라에 가서 허랑
방탕하게 살다가 궁핍해져서 초라한 몰골로 아버지께 돌
아오는 장면이 있습니다. 감동적이지 않습니까? 저는 특
히 하나님이 둘째 아들의 가출을 허락하셨다는 점에서
큰 은혜를 받습니다. 틀을 깨는 것을 용납하시는 하나님
을 발견했기 때문입니다. 깨지고 부서져서 초라한 모습
으로 돌아와도 웃으며 받아 주시는 하나님을 본 것입니
다. 그런데 하나님이 왜 가출을 허락하셨을까요?

절망적인 상황에 부딪혀 봐야 하나님을 온 마음으로
사모하기 때문입니다. 보통 사람들은 자기 자신을 갈망
하는데, 산산이 부서지는 경험을 통해서 비로소 하나님

을 갈망하게 됩니다. 하나님을 갈망하지 못하게 가로막는 것들을 가리켜 '우상'이라고 합니다. 어쩌면 우리는 모두 예외 없이 자기 자신을 우상으로 삼고 있는 시대를 살고 있는지도 모릅니다.

사실 부모 자신이 아프지 않으려고, 자녀들이 바닥으로 내려가 볼 기회를 앗아 버리는 것 아닙니까? 그러나 하나님은 자녀에게 그런 기회를 주기 원하신다는 사실을 기억하십시오.

Q 저는 교회 모임의 리더인데, 모임이 잘 이루어지지 않아서 속상합니다. 구성원들이 사정이 있다며 하나둘 빠져서 낙심됩니다. 저에게 무슨 문제가 있는 건지, 이 모임을 계속해야 할지 고민입니다.

자책하지 마십시오. 힘에 부치면 내려놓아도 됩니다. 만약에 내가 모임을 맡고 나서부터 사람들이 모이지 않는다면, 아마 리더로서 사람을 끄는 매력이 없는 것일 수도 있습니다. 그것을 인정하기가 쉽진 않겠지만, 변화는 인정하는 데서부터 시작됩니다.

매력이란 딴 게 아닙니다. 사람들이 "저 사람, 참 매력 있어. 호감이 가"라고 얘기하는 대상을 잘 살펴보십시오. 자기 자신보다 다른 사람들에게 더 관심을 기울이는 사람을 보면, 매력적이라고 느낍니다. 육감적인 매력과는 다른 차원의 것입니다.

그런 의미에서 그리스도인이야말로 진짜 매력적인 사람입니다. 자기 자신을 향한 관심은 점점 줄어들고, 이웃을 향한 관심이 날로 커져서 어려움 가운데 있는 사람을 보면 다가가 함께 기도하고, 축복의 말을 해 주니 얼마나 매력적입니까!

사실, 진짜 목자는 모임의 리더입니다. 정작 담임 목사는 성도 개개인의 사정을 알기가 쉽지 않은데, 리더는 성도들을 속속들이 알 수 있으니 말입니다. 한 사람, 한 사람을 위해 진심으로 기도해 주는 건 목사보다는 소그룹의 리더 아닙니까?

어차피 교회는 성령님이 이끄십니다. 예수님이 머리가 되시고, 성령님이 친히 격려하시는 게 교회입니다. 교회 모임도 마찬가지입니다. 마음의 짐을 내려놓고, 모임을 위해 기도해 보십시오. 그들을 위해 꾸준히 기도하다 보면, 기적같이 하나둘 공동체로 돌아오는 것을 보게 될 것입니다.

Q 상처 때문에 괴로워하는 친구가 있습니다. 그 친구가 더 상처받을까 봐 차마 입바른 말은 하지 못하고, 위로해 준답시고 종종 거짓말을 하곤 합니다. 그런데 '정직하라'는 말씀 앞에서 저의 이런 태도가 옳은가 싶습니다. 그 친구에게 정직하게 말하기도 입이 안 떨어지고 고민됩니다.

나 자신에게 정직한 것보다 더 큰 힘은 없습니다. 그럴 때 비로소 다른 누군가에게도 힘이 될 수 있습니다. 그런데 그냥 위로해 주는 것과 하나님의 말씀에 힘입어 위로하는 것은 많이 다릅니다. 말씀에 힘입어 일어난 사람은 말씀으로 누군가에게 힘을 줄 수 있습니다. 그리스도인은 누군가를 위로하는 것이 내 능력이 아닌 하나님의 능력임을 믿고, "성경을 봐. 하나님이 이렇게 말씀하셨는데, 왜 이러고 있어? 말씀을 붙잡고 일어서자"라고 말함으로써 친구가 하나님을 힘입어 일어날 수 있도록 도와주는 사람입니다. 우리 모두 나 자신이나 힘들어하는 친구 모두를 하나님의 말씀으로 격려할 수 있는 믿음의 사람, 말씀의 사람이 되길 바랍니다.

마가복음에 보면, 중풍 병자의 친구들이 지붕을 뜯어 구멍을 내고 중풍 병자가 누운 상을 달아 내리는 장면이 나옵니다. 예수님께 가야 문제가 해결된다는 걸 안 친구들이 지붕을 뜯은 것입니다. 가득한 사람들 때문에 문으로 들어갈 수 없으니 낙심하고 포기하는 것이 당연할 수 있습니다. 그러나 그들은 실망하거나 좌절하지 않고 방법을 찾았습니다. 예수님은 그들의 무례한 행동을 나무라지 않으셨습니다.

간절하면 반드시 길을 찾게 됩니다. '남들이 한 번 생각할 때 열 번 생각하고, 남들이 열 번 생각할 때 백 번 생각하라'는 말이 있지 않습니까?

대한민국 국가 품질 명장 1호인 김규환 명장은 대우중공업에 사환으로 들어가 어깨너머로 기술을 배워 마침내 초정밀 기술 분야의 일인자가 된 입지전적 인물입니다. 그는 무학자인데도 5개 국어를 구사합니다. 낙심할 수밖에 없는 환경에서도 그가 얼마나 치열하게 살아왔을지를 생각하면, 우리 신앙인들은 무얼 하고 있나 하는 생각이 듭니다.

그리스도인은 간절한 기도로 길을 여는 사람입니다. 남을 위로해 주다가 자기 위로가 필요 없어지는 게 바른 신앙입니다. 그런데도 남을 위로하기보다는 위로받기만을 원하는 분들이 참 많습니다. 믿음의 체질이 약해지지는 않았는지 자신을 스스로 돌아봐야 할 것입니다.

자신의 상처에만 함몰되는 바람에 전도나 선교를 한 번 못 해 보고 끝나는 신앙인이 얼마나 많습니까! 늘 반복되는 되돌이표 신앙입니다. 매일 아침 같은 기도 보따리 들고 와서 풀었다가, 그 보따리 다시 싸서 들고 가는 신앙생활은 이제 그만두어야 하지 않겠습니까?

저는 예수님이 제자들을 양 떼로 돌보신 것에 그치지 않고, 호랑이로 바꾸어 놓으셨다고 생각합니다. 세상을 뒤집어엎을 호랑이들로 말입니다. 세상은 이리와 늑대의 무리로 가득합니다. 늑대를 잡으려면 호랑이가 필요합니다. 기도로 이리와 늑대를 한번 잡아 보지 않겠습니까?

Q 이성 교제에서 연거푸 실패하다 보니 마음이 크게 위축되었습니다. '누구를 만나든 갈등이 생기면 어차피 헤어질 텐데…'라는 생각에 새로운 만남이 두렵습니다. 그렇다고 평생 혼자 살 자신은 없습니다. 어떻게 해야 두려움을 이기고 주님 안에서 화목한 가정을 이룰 수 있을까요?

저는 실패는 시도의 반복으로 극복해야 한다고 믿는 사람입니다. 상처가 회복될 때까지 계속 시도해 보십시오. 연애로 상처받았다면, 연애로 씻어야 하지 않겠습니까?

사람은 누구나 사랑받기를 원합니다. 누군가가 나를 진짜로 사랑한다면 느껴지기 마련입니다. 사랑은 속이지 못하는 법입니다. 그러니 사랑하고 싶은 사람이 생기면, 사랑하십시오. 다만 자신의 마음 자세를 한번 돌아보십시오.

저는 직장은 내 꿈을 이루는 곳이 아니라 사장의 꿈을 이루는 곳이라는 말을 즐겨 하는데, 결혼도 이와 비슷합니다. 결혼은 내 꿈을 이루기 위한 수단이 아닙니다. 사랑하는 사람을 채워 주는 것이 바로 결혼입니다.

따라서 원론적으로는 결혼하려면, 내게 부족함이 없어야 합니다. 무엇보다 나 자신이 먼저 하나님으로 가득 채워져야 한다는 뜻입니다. 상대방에게서 더는 얻을 필요가 없기에 끝없이 베풀 수 있어야만 합니다. 하나님께 구할 것을 사람에게서 구하면, 실패합니다. 사실 사람에게는 특별히 기대할 게 없습니다.

연인 관계를 꽃과 벌에 비유하곤 하는데, 꽃에 아름다운 향기가 가득하면 벌이 찾아오게 되어 있습니다. 즉 내 안에 아름다운 향기를 가득 채우면 됩니다. 그러면 사랑이 찾아옵니다. 내가 찾으러 다녀 봤자 대부분 헛수고입니다. 내가 어떤 사람이 되느냐가 중요한 것입니다. 자신이 바라는 사람이 되기를 결단하고, 스스로 빚어 가십시오. 그러면 틀림없이 사랑이 찾아올 것입니다.

나만 겪는 것이
아니다

Why are you disappointed?

경제학의 기본 전제는 인간의 욕망은 무한하다는 것, 그러나 그 무한한 욕망을 충족시킬 재화나 용역은 유한하다는 것입니다. 경제학을 기반으로 하면, 우리는 태생적으로 낙심할 수밖에 없는 환경 속에서 살아야만 합니다. 무한한 욕망을 유한한 것으로 다 채울 수 없기 때문입니다. 욕망이 좌절된 삶은 낙심으로 점철될 수밖에 없습니다.

인류 역사는 경제 발전과 함께 진보해 왔다고 생각하지만, 사실은 환상에 지나지 않습니다. 그만큼 좌절을 많이 겪었기 때문입니다. 어느 시대건 경제 성장률이 인간의 기대치를 따라잡은 적은 없습니다. 인간 욕망의 성장률이 경제 성장률을 언제나 상회하기 때문입니다. 인간은 늘 더 많이 소유하고자 하고, 더 많이 소비하고자 합니다. 궁극적으로, 경제 패러다임 속에서는 누구도 충분히 행복할 수 없습니다. 경제가 발전할수록 오히려 인간의 욕망은 더 빠른 속도로 상승하기에 역설적으로 인간은 더 낙심할 수밖에 없습니다.

더 큰 문제는 이런 상황이 구조적으로 개선되기 어렵다는 것입니다. 그렇다면 어떻게 해야 이 문제를 돌파할 수 있습니까? 전혀 다른 접근을 해야 합니다. 생각의 틀을 아예 바꿔 보는 것입니다. 그래서 나온 것이 패러다임 시프트(paradigm shift), 즉 인식 체계의 대전환입니다.

패러다임의 전환으로 돌파한다

"돈이 없으면 불행하다. 그러니까 돈을 벌어야 한다." 이것은 현대인이 가진 보편적인 패러다임입니다. 그런데 "내 행복이 왜 돈에 달려 있어야 하지? 일평생 돈을 좇으며 내 인생을 허비하기보다는 차라리 다른 것에서 행복을 찾아보자"라고 결심한다면 이 사람은 바로 패러다임을 바꾼 것입니다.

'낙심할 수밖에 없는 인생'이란 21세기에 불쑥 대두되거나 중세나 근대 시대부터 시작된 개념이 아닙니다. 태초에 인간이 타락한 이후에 시작된 이야기입니다. 시대나 인종이나 지역을 막론하고, 이 땅의 것으로 인간의 욕망이 모두 충족된 적은 없습니다. 이 문제는 근본적으로 인간의 지혜나 방법으로 해결할 수 없는 속성을 지녔습니다. 또한 한 시대에 국한된 문제가 아니므로 그 시대에서 답을 구할 수도 없습니다.

그러므로 우리는 적어도 이 문제에 관한 한 인간 이상의 존재, 곧 초월적인 존재이신 하나님에게서 답을 구할 수밖에 없습니다. 이처럼 "인간에게 답이 없다, 하나님께 답을 구하자"는 태도의 반전이 곧 구원의 출발점입니다. 따라서 구원은 본질적으로 패러다임의 전환을 의미합니다. 낙심할 수밖에 없는 인생을 바라보는 관점을 통째로 바꿔 놓기 때문입니다.

그러나 믿음의 관점으로 인생을 바라보기 시작한다고 해서 곧바로 모든 문제가 사라지는 것은 아닙니다. 늘 새로운 문제가 우리를 사로잡습니다. 패러다임을 바꿈으로써 살기 편해지기는커녕 오히려 더 어렵고 복잡한 문제에 부딪힐 수 있다는 사실을 알아야 합니다. 그리스도인으로서 다르게 살아보겠다고, 이제부터 신앙생활을 잘해 보겠다고 패러다임을 바꿨더니, 실제 더 어려운 일에 부딪히고, 감당할 수 없는 상황에 놓이는 경우가 얼마나 많습니까? 이것이 바로 우리가 사는 믿음의 현실 아닙니까?

믿음의 선배들도
낙심을 지나갔다

성경은 자기 삶의 패러다임을 바꾸고 하나님을 잘 믿겠다고 나선 사람들이 얼마나 큰 낙심을 경험하는지 정직하게 보여 줍니다.

히브리서 11장은 아브라함을 비롯한 여러 믿음의 조상이 겪었던 '낙심할 수밖에 없는 상황'을 자세히 기록하고 있습니다. 성경 속에 등장하는 위대한 믿음의 영웅들은 예외 없이 모두 낙심을 경험했습니다.

내가 무슨 말을 더 하리요 기드온, 바락, 삼손, 입다, 다윗 및 사무엘과 선지자들의 일을 말하려면 내게 시간이 부족하리로다 그들은 믿음으로 나라들을 이기기도 하며 의를 행하기도 하며 약속을 받기도 하며 사자들의 입을 막기도 하며 불의 세력을 멸하기도 하며 칼날을 피하기도 하며 연약한 가운데서 강하게 되기도 하며 전쟁에 용감하게 되어 이방 사람들의 진을 물리치기도 하며 여자들은 자기의 죽은 자들을 부활로 받아들이기도 하며 또 어떤 이들은 더 좋은 부활을 얻고자 하여 심한 고문을 받되 구차히 풀려나기를 원하지 아니하였으며 또 어떤 이들은 조롱과 채찍질뿐 아니라 결박과 옥에 갇히는 시련도 받았으며 돌로 치는 것과 톱으로 켜는 것과 시험과 칼로 죽임을 당하고 양과 염소의 가죽을 입고 유리하여 궁핍과 환난과 학대를 받았으니 (이런 사람은 세상이 감당하지 못하느니라) 그들이 광야와 산과 동굴과 토굴에 유리하였느니라

_히 11:32~38

위의 말씀을 유진 피터슨의 《메시지》 성경으로 보겠습니다.

기드온, 바락, 삼손, 입다, 다윗, 사무엘, 예언자들…. 믿음의 행위로 그들은 나라를 무너뜨리고, 정의를 실천하고, 약속된 것을 받았습니다. 그들은 사자와 불과 칼의 공격

을 막아 냈고, 약점을 강점으로 바꾸었으며, 전쟁에서 이겨 외국 군대를 물리쳤습니다. 여자들은 죽었다가 다시 살아난 사랑하는 이들을 맞아들이기도 했습니다. 고문을 당하면서도 더 나은 부활을 사모한 나머지, 굴복하고 풀려나가는 것을 거부한 이들도 있습니다. 어떤 이들은 학대와 채찍질을 기꺼이 받았고, 쇠사슬에 묶여 지하굴에 갇히기도 했습니다. 돌에 맞고, 톱으로 켜져 두 동강이 나고, 살해되어 싸늘한 시체가 된 이들의 이야기도 있습니다. 짐승 가죽을 두르고 집도 친구도 권력도 없이 세상을 떠돈 이들의 이야기도 있습니다. 세상은 그들을 받아들일 만한 곳이 되지 못했습니다. 그들은 이 혹독한 세상의 가장자리로 다니면서도, 최선을 다해 자기 길을 갔습니다.

_히 11:32~38, 메시지

구원이라는 패러다임의 전환을 통해 그들이 얻은 것은 무엇입니까?

세상을 보는 관점을 통째로 바꾸면 눈앞이 환해지고 탄탄대로가 나타납니까? 아닙니다. 믿음의 길은 꽃길이 아닙니다. 꽃길을 걷기 위해 십자가의 길을 가는 것이 아니라는 말입니다. 그러나 어쨌건 그들은 이겨 냈습니다.

믿음의 사람이라도 낙심을 경험하기 마련이지만 중요한 사실은 무엇입니까? 절망을 이겨 내고 낙심에서 벗어날 수 있었다는 것입니다.

　그리스도인은 구원을 통해 영벌의 저주가 주는 영원한 낙심에서 벗어나긴 하지만, 어떤 면에서는 더 큰 낙심거리를 만날 수밖에 없습니다. 왜냐하면 그들은 세상 사람들이 가는 모든 길에서 벗어남으로써 첨예한 갈등과 대립을 경험하고, 철저한 외로움에 던져지기 때문입니다. 때로는 세상 전체를 대적해야 하는 엄청난 상황을 맞닥뜨리게 되기도 합니다. 다윗이 시편에서 얘기했듯이 "천만 인이 나를 에워싸"(시 3:6) 진 침으로써 아무도 믿고 의지할 수 없는 상황에 부딪히게 된다는 것입니다.

　오늘날 우리도 그런 상황에 부딪힐 수 있습니다. 실제로 그런 상황을 맞닥뜨릴 때, 우리는 한 가지 사실을 기억해야 합니다. 히브리서에서 거론된 믿음의 선배들이 그런 상황들을 이미 이겨 냈다는 바로 그 한 가지 사실입니다. 따라서 우리가 믿음 안에서 겪게 되는 고난은 결코 나만 겪는 게 아니라 수많은 믿음의 선배가 이미 겪었고, 이미 이겨 낸 일임을 알아야 합니다. 결론은 무엇입니까? 믿음으로 이 길을 걷기 시작하면 어떤 고난이 오더라도 견뎌 낼 수 있다는 것입니다.

죽음에서 생명으로 패러다임을 전환해도 고난이 사라지거나 어려움이 없어지는 것이 아니라는 현실은 많은 사람들을 혼란스럽게 합니다. 그러나 우리의 신앙이 도저히 혼자서는 감당할 수 없는 고난과 어려움을 끝내 이겨 낸다면 비로소 우리는 그 혼란에서 벗어날 수 있을 것입니다. 예수님의 동생 야고보가 바로 그런 경험을 했습니다.

하나님이
나와 함께 고난을 겪으신다

야고보는 사람들에게 미쳤다는 소리를 듣고 있는 형 예수, 어느 순간 유대교인들 사이에서 가장 큰 이슈가 된 형 예수가 이해되지 않았습니다. 그는 '우리 형이 돌았구나. 어머니를 모시고 가서 형을 데려와야겠다'고 생각합니다. 그는 예수님이 무리에게 말씀하실 때 밖에 서서 기다렸습니다.

그런데 예수님은 거들떠보지도 않으시고, 제자들에

게 이렇게 말씀하십니다.

누가 내 어머니이며 내 동생들이냐 … 누구든지 하늘에 계
신 내 아버지의 뜻대로 하는 자가 내 형제요 자매요 어머
니이니라 _마 12:48, 50

야고보는 기가 막혔을 것입니다. 집으로 돌아오는
길에 '아, 이 사람은 이제 내 형이 아니다. 어머니와 나를
이토록 매몰차게 대하다니, 너무 했어'라고 생각하며 서
운하기도 하고 미운 생각도 들었겠지요. 아마 한순간 형
과 의절하기로 마음먹었을지도 모를 일입니다.

그랬던 그가 예수님이 십자가에 달려 죽으시고 사흘
만에 무덤에서 부활하신 것을 본 뒤로는 완전히 달라졌습
니다. 세상을 보는 관점이 통째로 바뀌었을 뿐만 아니라
그의 신앙은 예루살렘 교회의 지도자가 될 만큼 급성장했
습니다.

예수님의 고난을 도저히 이해할 수 없었던 야고보가
이제는 "내 형제들아 너희가 여러 가지 시험을 당하거든
온전히 기쁘게 여기라"(약 1:2)고 명령합니다. 어떻게 그는
낙심되는 상황 속에서도 오히려 기뻐하라고 얘기하는 사

람이 되었을까요? 그에게 무슨 일이 일어났던 것일까요?

그가 완전히 달라진 이유는 단 한 가지입니다. 고난이 해석되었기 때문입니다. 십자가의 도를 깨달았기 때문입니다. 고난 너머에 부활의 영광이 있음을 보았기 때문입니다. 우리가 겪는 모든 어려움과 우리를 낙심케 하는 모든 상황 너머에 하나님이 계심을 알게 된 것입니다. 하나님이 고난 가운데 우리와 함께하신다는 사실을 깨닫는 순간, 그의 인생이 통째로 바뀌었습니다.

하나님의 목적은 우리를 고난 가운데 버려두는 것이 아닙니다. 어려운 시험 가운데 우리를 던지는 것이 아닙니다. 오히려 그 시험을 통해서 우리에게 놀라운 선물을 주시는 것이 목적입니다. 그 선물이 무엇입니까? 바로 인내입니다.

일을 시작할 때 필요한 건 능력이지만, 능력만으로는 일을 마무리하지 못합니다. 인내하는 자가 마무리 짓습니다. 인내하는 자만이 완주합니다. 마지막 결승선까지 뛰는 사람이 승자 아니겠습니까?

하나님이 우리에게 낙심을 허락하시는 이유는 낙심되는 상황을 견뎌 내게 하려는 것입니다. 우리는 그 상황을 홀로 겪지 않습니다. 우리가 견디는 동안에 하나님이 우리를 지켜보며 함께하신다는 사실을 기억하십시오.

그러니 하나님을 만나려면 어디로 가야 하겠습니까? 하나님은 고난의 현장에 계십니다. 낙심할 수밖에 없는 상황 속에서 우리를 붙들어 인내할 수 있도록 도우십니다. 그러니 하나님을 만나고 싶다면, 고난의 현장으로 가십시오. 어려운 삶의 자리로 가보십시오. 하나님이 거기에 계십니다. 나만 고난을 겪고 있는 게 아님을 보여 주기 위해 심지어 순교자를 허락하기도 하십니다.

순교는 신앙의 길에 세워진 이정표와도 같습니다. 이해되지 않는 낙심의 상황에서 순교자를 바라보면, 믿음의 노중(路中)에 나만 어려움을 겪는 것이 아님을 깨닫게 되기 때문입니다. 그래서 하나님은 계속해서 순교자를 받고 계십니다. 그러나 누구도 순교의 영광을 홀로 받게 하지 않으십니다. 그 영광도 언제나 그리스도와 함께 받게 하십니다. 그 영광은 언제나 그리스도를 위해서 받게 하십니다.

하나님이 나와 함께 모든 고난을 겪으시고, 이겨 낼 힘을 주신다는 것을 아는 것이 믿음입니다. 믿음으로 살기로 결단했지만 낙심할 수밖에 없는 상황이 닥칠 때 우리는 "왜 나에게 이런 일이 닥칩니까!" 하고 절규합니다.

하나님은 그런 우리에게 답을 주십니다. 낙심되는 상황 속에서 인내를 배우면 우리는 마침내 온전한 사람이 되고, 놀랍게도 온갖 결핍에서 자유로워집니다. 바울처럼 "나는 비천에 처할 줄도 알고 풍부에 처할 줄도 알아 모든 일 곧 배부름과 배고픔과 풍부와 궁핍에도 처할 줄 아는 일체의 비결을 배웠노라"(빌 4:12)라고 말할 수 있게 되는 것입니다.

궁극적으로 우리는 "내게 능력 주시는 자 안에서 내가 모든 것을 할 수"(빌 4:13) 있음을 고백하게 됩니다.

하나님에게서
눈을 떼지 마라

모세는 소위 잘나갈 때 살인을 저질렀습니다. 하나님은 그가 40년 동안이나 도망자로 살도록 내버려 두셨습니다. 그가 무슨 일이든 해낼 수 있다고 자신하던 40대에서 아무것도 할 수 없는 80대가 될 때까지 세상에서 은둔하여 숨어 살게 하셨습니다. 그가 낙심하여 자신의 무능력을 인정할 때 하나님이 그를 붙들어 일으키셨습니다.

그리고 하나님의 능력을 그에게 부어 주어 큰일들을 감당케 하셨습니다.

낙심할 수밖에 없었던 시절은 사실 모세에게 인내심을 심어 주는 시간이었습니다. 그 인내가 그를 온유하게 만들었습니다. 결국, "이 사람 모세는 온유함이 지면의 모든 사람보다 더하더라"(민 12:3)라는 기록을 남길 수 있게 되었습니다. 바로 인내가 우리를 온유한 사람으로 바꾸어 간다는 사실을 기억하십시오.

"우리에게 구름같이 둘러싼 허다한 증인들이"(히 12:1) 있다는 말이 무슨 뜻입니까? 믿음의 길을 앞서간 모든 사람, 모든 노련한 믿음의 대가들이 우리를 응원하고 있다는 말입니다. 그러니 그들이 열어 놓은 길을 우리도 따라갈 뿐만 아니라 계속해서 앞으로 나아가야 한다는 뜻입니다.

우리 앞에 달려가야 할 길이 놓여 있습니다. 달려가십시오. 절대로 멈추지 마십시오! 영적인 군살이 붙지 않도록 하십시오. 죄가 몸에 기생하지 않도록 달리십시오. 오직 예수만 바라보십시오. 우리가 참여한 이 경주를 시작하고 완주하신 분이 바로 예수님입니다. 그분이 어떻게 하셨는지를 보고 배우십시오. 예수님은 하나님 안에서 달리셨습니다. 하나님과 함께 결승점을 지날 때 얻게 될 기쁨에서 눈을 떼지 않으셨기에 그 길에서 무엇을 만나든 참으실 수 있었습니다. 심지어 십자가의 수치까지도 참으셨습니다.

달리다가 수치를 겪게 되더라도 하나님에게서 눈을 떼지 마십시오. 주저앉지 말고 인내함으로 끝까지 달려가십시오. 결국, 하나님이 우리를 목적지까지 인도해 주실 것을 믿으십시오.

"인간의 욕망은 무한하고, 그 무한한 욕망을 충족시킬 재화는 유한하다"는 경제학의 전제는 잘못되었습니다. 이것을 전제로 하면, 인간은 경제 상황에서 벗어날 수가 없습니다. 그렇다면 순서를 이렇게 바꿔야 합니다.

"인간의 욕망은 무한하지만, 그 욕망을 충족시킬 재화는 유한하기에 욕망을 채우려는 것은 어리석은 짓이다. 그러므로 무한한 욕망을 내버려 둬서는 안 된다."

내버려 두면 한없이 탐욕스러워지는 인간의 마음을 다스리는 것이 실물 경제를 다스리는 것보다 훨씬 더 중요합니다. 마음을 다스릴 줄 아는 것이 지혜입니다. 무한한 욕망을 채우기 위해 자기 삶을 소진하는 것은 어리석은 일입니다. 그렇게 헛된 노력만 하다가는 기진맥진해서 죽고 맙니다.

다른 사람의 고통에 기꺼이
참여하는 것

《인간과 초인》을 써서 세계적인 극작가가 되고, 노벨 문학상까지 수상한 조지 버나드 쇼(George Bernard Shaw)는 "우물쭈물하다가 내 이럴 줄 알았다"라는 유명한 묘비명을 남겼습니다. 욕망을 향해 끝없이 달려가다 보면, 어느새 우리도 그 같은 탄식을 내뱉을지도 모릅니다. "마음을 다스리지 못하고 우물쭈물하다가 내 이럴 줄 알았다"고 고개를 떨어뜨리고 말 것입니다.

우리를 낙심하게 하고, 그것을 통해 사회 전체를 통제하려는 거대한 영적 세력이 있습니다. 많은 사람이 그 존재를 모른 채 살아갑니다. 그러나 그들이 덧씌운 패러다임을 과감히 벗어버리고 우리를 자유케 하는 구원의 패러다임을 받아들이는 순간 우리는 지금까지와는 전혀 다른 세상을 경험합니다. 이 믿을 수 없는 변화는 오직 한 가지 결정으로 가능합니다. 우리에게 낙심을 강요하는 패러다임을 과감히 거부하는 결단입니다.

구원의 패러다임 안에서도 낙심을 경험하게 되지만, 이 사실을 기억함으로써 이길 수 있습니다. 나만 겪는 게 아니라는 사실, 이 시대만 겪는 게 아니라는 사실입니다. 이것을 기억하십시오. 모든 시대에 걸쳐 모든 믿음의 사람이 낙심을 경험했습니다. 한여름 40도의 더위를 우리만 겪습니까? 한반도에 어려움이 닥치면 우리만 겪습니까? 온 지구가 몸살을 앓는데, 어떻게 우리만 무사하겠습니까?

하나님이 우리 곁에서 동행하며 우리를 응원하고 계신다는 사실을 기억하십시오. 예수님이 "볼지어다 내가 세상 끝날까지 너희와 항상 함께 있으리라"(마 28:20)고 약속하셨습니다.

구원받은 백성이 가져야 할 삶의 패러다임은 무엇입니까? 나만 겪는 고통이 아니기에 다른 사람의 고통에 기꺼이 참여하는 것입니다. 다른 사람이 홀로 고통받지 않도록 고통을 함께 나누며 돕는 것입니다.

어느 작가가 남편을 잃고 나서 다섯 달 만에 아들을 또 잃게 되자 하나님께 이렇게 울부짖었다고 합니다.

"왜 내 남편, 내 아들을 다 데려가십니까? 내가 무슨 큰 잘못을 저질렀습니까? 하나님을 믿으며 잘살아 보겠다고 한 사람에게 어떻게 이러실 수 있습니까?"

그러자 하나님이 음성을 들려주셨습니다.

"왜 너한테는 그런 일이 일어나면 안 되는 것이냐?"

가족을 잃는 일은 누구에게나 일어날 수 있습니다. 누구나 겪는 일은 아니어도 누구나 겪을 수 있습니다. 그 일이 내게 일어나지 않은 것을 감사한다면, 상실의 아픔을 겪고 있는 사람에게 다가가 함께 울며 위로하는 것이야말로 구원받은 백성이 살아야 할 삶의 방식 아니겠습니까? 그 사람이 홀로 겪게 해서는 안 된다는 뜻입니다.

오늘날 그리스도인이 비난받는 이유가 무엇입니까? 좋은 환경에서 예배드리는 것이 그리스도인의 목적입니까? 아닙니다. 슬픔에 빠진 사람을 찾아가서 그 아픔을 위로하고, 함께 우는 것이 구원받은 사람이 감당해야 할 몫입니다. 성경은 "즐거워하는 자들과 함께 즐거워하고 우는 자들과 함께 울라"(롬 12:15)고 말합니다. 그것이 구원받은 삶이요, 우리가 낙심에서 벗어나는 길입니다.

기억하십시오. 나만 겪는 일이란 없습니다. 이미 겪은 사람과 지금 겪고 있는 사람과 앞으로 겪을 사람으로 나뉠 뿐입니다.

예수님을 믿고 하나님을 사랑한다면, 십자가 구원의 길은 멀리 있지 않습니다. 주위를 한번 둘러보십시오. 누가 울고 있습니까? 누가 웃고 있습니까? 울고 있는 사람,

웃고 있는 사람 곁에 다가가 손을 잡아 주십시오. 그것이 바로 십자가의 길로 인도하는 첫걸음이며 믿음으로 사는 삶의 첫자리입니다.

홀로 일어설 수 없는 사람이 많은 시대입니다. 낙심하여 혼자서는 고통에서 도저히 벗어나지 못하는 사람들이 주변에 헤아릴 수 없이 많습니다. 그들을 그 자리에 그렇게 내버려 둔 채로 어떻게 우리만의 예배를 드릴 수 있겠습니까? 어떻게 그곳에 찾아가신 예수님을 외면한 채 우리만의 천국 안에서 즐거워할 수 있겠습니까?

우리 자신이 낙심에서 벗어나는 것도 중요하지만, 우리 곁에 있는 낙심한 사람들을 돌보는 것 역시 중요합니다. 그들에게 다가가 함께 울고, 함께 웃으며 구원의 길을 동행하는 그리스도인이 되기를 축복합니다.

Q 제 믿음은 겉보기에는 화려한데, 속은 텅 비었습니다. 약물 과다 복용으로 응급실에 실려 간 적이 있는데, 약을 꾸역꾸역 삼키는 동안에 왜 주님을 떠올리지 못했을까요? 병원에서 눈을 떴을 때, 왜 주님이 먼저 떠오르지 않았을까요? 도대체 주님 앞에 어떤 모습으로, 어떤 기도를 드리며 나아가야 할지 모르겠습니다.

저도 그런 경험이 있습니다. 의식을 차리고 나서 처음 든 생각이 '또 한 번의 기회를 얻었구나'였습니다. 그때는 하나님을 믿을 때가 아니었는데, 죽었다가 다시 살아난 기분이 들어서 새로 시작해 보기로 했습니다. 병원 문을 나서는데, 나무들이 저를 반기며 춤을 추고 있는 것 같았습니다. 그 당시에는 누가 제게 다시 기회를 주었는지 몰랐지만, 이 기회를 소중히 여겨야겠다고 생각했습니다. 믿음이 없던 저도 그렇게 생각했는데, 하물며 주님을 아는 사람은 어때야 하겠습니까?

생명은 내 것이 아님을 분명히 알아야 합니다. 내게 원래 생명을 주신 분이 다시 한 번 생명을 주신 것입니다. 누가 주셨습니까? 하나님이 주셨습니다. 그러므로 하나님과 다시 시작할 수 있습니다. 하나님은 늘 새롭게 시작하게 하시고 그때마다 반전의 기회를 준비하고 계십니다.

성경은 인간이란 궁극적으로 실패할 수밖에 없는 존

재라고 말합니다. 복음은 인간의 성공 스토리가 아닙니다. 우리는 죄에서 자유롭지 않고, 제힘으로는 반듯이 설 수조차 없는 존재입니다. 그래서 하나님이 "내가 너를 붙들어 주겠다! 내가 너를 택하여 지명했다! 내가 너를 불렀다! 내가 네 이름을 내 손바닥에 새겼다! 너는 내 것이다!"라고 선포해 주십니다. 이것이 성경 이야기입니다.

내가 주님의 것이라면, 내 맘대로 살 수 없습니다. 신앙이란 하나님 앞에 항복 선언을 하는 것입니다. "나 혼자서 할 짓, 못 할 짓 다 해 봤는데, 더는 못하겠습니다. 죽이시든지 살리시든지, 구워 드시든지 삶아 드시든지 마음대로 하십시오. 내 인생, 내 것이라며 스스로 만지다가 엉망진창으로 만들었습니다. 내 인생이 깨지고 부서져서 박살이 났으니, 이제부터 하나님이 만져주십시오" 하며 두 손 들고 항복하는 것이 신앙입니다.

원점으로 돌아왔음을 아십시오. 원점은 시작점입니다. 다시 제대로 시작하면 됩니다. 완전히 부서지고 깨진 편이 낫습니다. 자기 자신에 대해서 어중간한 소망이 남아 있으면, 그만큼 더디 갑니다. 그냥 두 손 두 발 다 들면 하나님이 다시 처음부터 새롭게 빚어 주실 것입니다.

Q 진로를 고민하고 있는 30대 후반의 가장입니다. 제가 그만두면 회사가 제대로 돌아갈까 걱정될 정도로 인정받고 있지만, 일의 만족과 기쁨이 없습니다. 그래서 이참에 직장을 그만두고 사업을 해 보고 싶습니다. 나 혼자라면야 문제가 없지만, 결혼하고 나니 선뜻 결정을 내리기가 어렵습니다. 어떻게 하는 것이 좋을까요?

어떻게 일이 매일 기쁠 수가 있겠습니까? 일할 때 주님의 기쁨을 느끼면 계속해야 하지만, 주님 안에 있어도 기쁘지 않다면, 잠시 멈추어도 좋고 또 결심이 서면 직장을 옮겨 보는 것도 좋습니다. 그런데 사업을 하겠다는 것은 자칫 "실패하겠다"는 결정과도 같다는 게 문제입니다. 사업하기가 참으로 어려운 시대입니다. 하지만 일찌감치 겪는 실패는 귀중한 자산이 될 테니, 믿음과 각오가 있다면 결단하는 것이고 없으면 못 하는 겁니다.

그러므로 지금 필요한 것은 믿음입니다. 자신을 믿는 믿음이 아니라 하나님을 믿는 믿음 말입니다.

"하나님, 하나님의 영광을 위해 돈 벌게 해 주십시오. 하나님의 이름을 위해 돈을 좀 쓰게 해 주십시오. 진심입니다"라고 기도해 놓고, 실제로는 자기 자신을 위해 돈을 벌고 쓰는 사람이 많습니다. 그러면 벌어도 망하고, 못 벌어도 망한 것입니다.

그런데 하나님이 바로바로 들어주신 기도가 있습니다.

폭우가 쏟아지던 날, 고아들과 함께 빈 식탁에 앉아 식사 기도를 한 조지 뮐러(George Müller)와 같은 사람의 기도입니다. 막 구운 빵과 신선한 우유를 가득 실은 마차가 찾아오게끔 하셨습니다. 그런 기적 같은 일이 조지 뮐러에게 일어난 이유는 무엇입니까? 자기 자신을 위해서가 아니라 하나님이 돌보시는 고아들을 위해서 기도했기 때문입니다.

우리 기도는 대개 6대 4입니다. 내 욕심을 위하여가 6, 하나님의 이름을 위하여가 4인데, 그나마 하나님의 이름도 구실일 때가 많습니다. 하나님은 그런 기도를 잘 안 들어주십니다. 만약에 단번에 이루어진다면, 하나님이 아니라 마귀가 들어준 것입니다.

결혼했으니, 남편과 아내가 한마음으로 믿고 기도해야 할 것입니다. 즉 직장을 그만두고 사업을 하려면, 아내도 믿음으로 각오를 세워야 합니다. 아내가 두려움에 싸이지 않도록, 주님의 사랑을 확신하고 조력자가 될 수 있도록 도와야 합니다. 그러다 보면, 아내도 남편과 한마음이 될 것입니다. 사업은 그 후에 해도 됩니다.

Q 선천적 시각 장애를 가진 친구가 있습니다. 제가 아는 사람 중에서 가장 믿음이 깊고 선한 친구입니다. 그 친구의 삶을 옆에서 보고 있자면, 하나님께 화가 납니다. 삶이 고통과 고난의 연속이기 때문입니다. 취업하기가 어려우니 경제적으로 쪼들리는데, 어머니가 치매에 걸리시는 바람에 집안이 무너져 내리고 있습니다. 그 친구는 자기가 할 수 있는 건 기도밖에 없다면서 하나님을 원망하기도 합니다. 모든 것이 합력하여 선을 이룬다고 주님이 말씀하시지 않았나요? 요즘은 저까지 시험에 들려고 합니다. 하나님의 뜻은 대체 어디에 있을까요?

〈예수를 나의 구주 삼고〉, 〈나의 갈길 다 가도록〉, 〈나의 영원하신 기업〉 등 찬송가 8천여 곡의 가사를 쓴 페니 크로스비(Fanny Crosby)는 의사의 실수로 생후 6주 만에 시력을 잃고 평생 맹인으로 살았습니다. 숱한 고난을 겪으면서도 아름다운 찬송시를 썼는데, 어느 날 기자가 "만약에 눈을 다시 뜰 수 있다면 무엇을 하고 싶습니까?"라고 묻자, 그녀는 "눈을 다시 뜨고 싶지는 않아요. 실명한 덕분에 다른 사람들이 보지 못하는 세계를 보며 살아왔으니까요"라고 대답했다고 합니다.

우리가 멀쩡히 눈뜨고도 못 보는 세상을 그분이 보고 있기를 바랍니다. 그가 겪은 고난과 고통을 어떻게 짐작이나 하겠습니까? 그런 어려움에도 불구하고, 기도밖에 할 게 없다는 말이 참 놀랍고 감사합니다.

사실, 우리가 그의 기도 덕분에 살고 있는지 누가 알겠습니까? 그의 기도 덕분에 전쟁이 안 일어나고 있는지 어떻게 압니까? 한 사람의 간절한 기도로 이 땅에 평화가 임할 수도 있고, 가뭄이 사라질 수도 있으니 말입니다.

하나님의 뜻이 어디에 있는가에 관해서는 답변할 능력이 없습니다. 한 가지 분명한 것은 하나님이 어떤 결정을 내리시건 우리는 그것을 수용할 수밖에 없다는 것입니다. 하나님께 시비를 걸어 봤자 별 도움이 되지 않습니다.

친구를 위해 기도하는 것밖에는 다른 길이 없는 것 같습니다. 하다못해 "하나님, 왜 그 친구를 내버려 두십니까?" 하고 항의성 기도를 하는 것이 친구를 돕는 길이 아닐까 생각합니다. 그리고 어쩌면 그 친구의 어려운 형편을 속속들이 알게 하신 것은 서로에게 의지하라고 하시기 위해서인지도 모릅니다. 그렇다면 더더욱 겸손히 기도해야겠지요.

영적인 세계는 속단하기가 어렵습니다. 누가 더 불행한지 무슨 수로 알겠습니까? 예를 들어, 통증을 느끼지 못해서 살점이 떨어져 나가도 모르는 나병 환자보다 우리가 더 감각이 무딘 사람일 수도 있습니다. 바로 옆 사람이 비명을 질러도 그의 고통이 느껴지지 않는다면, 우리야말로 영적인 나병 환자가 아니겠습니까?

사실 성경은 우리의 고난과 고통이 하나님께서 우리를

사랑하시는 증거임을 기록하고 있는 유일한 책입니다. 하나님은 하나님을 거부하는 사람들을 그들의 욕망대로 하도록 내버려 두십니다. 그러나 믿음의 열조들은 예외 없이 당대에 견딜 수 없는 불같은 시련을 견뎠다고 증언 합니다. 고난을 제하여 주시지 않을지라도 고난을 이길 힘을 달라고 계속 기도할 수 있기를 바랍니다.

후회는
소용없습니다

Why are you disappointed?

■

골프 치는 사람들에게서 들은 우스갯소리가 있습니다. 공이 잘 안 맞는 이유가 얼마나 많은지 백한 가지가 있답니다. 그중에 백한 번째 이유가 무엇인지 압니까? '아무 이유 없음'이랍니다. 이유를 모른다는 뜻입니다.

낙심하는 이유도 그와 비슷합니다. 우리를 낙심케 하는 이유가 천한 가지 정도 됩니다. 그중에 천한 번째 이유가 무엇입니까? '아무 이유 없음'입니다. 이유도 없이 영문도 모르게 낙심해 버린다는 것입니다. 특별한 이유도 없는데 마음이 무너지고 낙심될 때가 있다는 것입니다.

왜 그렇습니까? 마음이란 나 혼자 거주하는 공간이 아니기 때문입니다. 마음속에 나와 함께 거주하는 존재가 있어서 종종 까닭 없이 낙심하곤 하는 것입니다. 그 존재의 정체를 알면 이유도 알게 될 것입니다.

노아는 "의인이요 당대에 완전한 자"(창 6:9)라 불리던 사람입니다. 그랬던 그가 "포도주를 마시고 취하여 그 장막 안에서"(창 9:21) 벌거벗은 일이 있었습니다. 살다 보면 그런 실수를 누구나 한두 번쯤 하기 마련입니다. 실수를 깨달으면, '내가 왜 그랬을까. 어쩌다가 내가 넘어지고 말았나' 하고 후회하게 됩니다.

후회는 우리가 자주 경험하는 일반적인 감정입니다. 문제는 후회에서 벗어나지 못하고, 계속 자책하며 그 속에 머문다는 것입니다. 후회 속에 오래 머물수록 낙심에 깊이 빠져들게 됩니다.

인생에서 후회하는 순간이 없을 수 없지만, 후회되는 상황에서 가능한 한 빨리 벗어나는 것이 중요합니다. 후회가 길어지면 반드시 낙심하게 되고, 낙심하는 상태가 오래 가면 엉뚱한 결정을 내리게 되기 때문입니다. 후회할 상황에 내몰렸을 때, 어떻게 하면 그 상황에서 벗어날지를 아는 것이 중요합니다.

후회에
오래 머무는 사람의 관점

후회에 오래 머무는 사람들의 특징을 살펴볼 필요가 있습니다. 어떤 사람이 자꾸 입버릇처럼 후회하는 말을 할까요? 어떤 사람이 후회 속에 오래 머물까요?

과거에 집착하는 사람입니다. 이미 지나간 일을 자꾸 되돌아보는 사람입니다. 돌아보는 것이 습관이 되면 앞으로 나아가지 못합니다.

우리가 향유할 수 있는 것은 현재밖에 없습니다. 어떤 관점으로 현재를 보느냐에 따라 인생의 갈림길에서 결정적인 선택을 하게 됩니다. 과거 시점에서 현재를 바라보는지, 아니면 현재 시점에서 현재에 탐닉하는지, 또는 미래 시점에서 현재를 바라보는지에 따라 현재에 관한 해석이 달라지고, 그 해석에 따라 전혀 다른 삶을 선택하게 됩니다.

후회의 관점은 무엇입니까? 과거 시점에서 현재를 바라보는 것입니다. 그러니 과거가 자꾸 현재의 발목을 붙잡습니다. 후회하고 또 후회하느라 더 이상 미래로 나아가지 못합니다. 지난 일을 꼼꼼히 들여다보면, 후회할 일이 얼마나 많겠습니까?

그러나 날마다 자기 잘못을 돌아보며 시시때때로 후회해 봤자 무슨 변화가 생깁니까? 인생에 무슨 도움이 되겠습니까? 과거는 이미 엎질러진 물입니다. 그것을 무슨 수로 주워 담습니까?

이미 쏟아진 물은 그냥 내버려 두고 앞으로 나아가야 합니다. 컵이 깨졌다면, 깨진 채로 버려두고 가야 합니다. 후회되는 일을 계속 묵상하느니 미래를 생각하며 힘을 내어 나아가는 편이 더 낫습니다.

후회하기를 밥 먹듯이 하다 보면 어디까지 갑니까? "내가 왜 태어났나?" 하고 자신의 태어남조차 후회하는 지경에 이릅니다. 그러다가 결국은 낙심하고, 낙심이 깊어져서 자기 목숨을 스스로 끊는 사람이 생기지 않습니까?

그러나 어떤 사람들은 뒤도 돌아보지 않고 과감히 앞으로 나아갑니다. 지금까지도 세계에서 유일한 흑인 여성 억만장자로 꼽히는 오프라 윈프리(Oprah Winfrey)를 보십시오. 그녀는 9세 때 사촌 오빠에게 성폭행을 당하고, 14세에 미혼모가 되었지만 2주 만에 아기가 죽고 말았습니다. 그 후에도 삼촌에게 성폭행을 당하는 등 끔찍한 일들을 겪었습니다. 그런데도 그녀는 과거에 매이지 않고, 과감히 떨치고 나온 덕분에 수많은 사람에게 삶의 목적을 일깨워 주는 존재가 되었습니다.

또 온통 관심을 자기 자신에게 집중하는 사람일수록 후회 속에 오래 머뭅니다. 일종의 편집증과도 같습니다. 관심이 온통 자신에게만 집중되어 있어서 눈을 들어 다른 상황을 보거나 다른 사람을 바라보지 못합니다.

과거 중심의 패러다임에 묶여 있으면, 과거가 삶을 지배하기 때문에 자칫하면 후회가 습관이 될 수 있습니다. 때로는 자기 연민에 빠져서 후회로 자신을 달래기도 합니다. 그러나 시간을 죽일 뿐, 정작 삶에는 아무런 도움도 되지 않습니다.

과거에 집착하면 할수록 우리 삶과 열정이 소진됩니다. 쓸데없이 기운을 빼버려서 앞으로 나아가지 못하게 만듭니다. 후회하느라 마음 에너지를 다 써 버려서 결국은 탈진하고 맙니다.

누구나 후회할 수밖에 없는 상황에 놓일 때가 있지만, 계속해서 후회 가운데 머무는 것보다 더 어리석은 선택은 없습니다.

회개로

악순환의 고리를 끊으라

그렇게 자기 삶을 소진하지 않으려면, 쓸데없는 데에 에너지를 쏟느라 기진맥진해지지 않으려면 어떻게 해야 합니까? 후회 대신 회개를 선택해야 합니다.

회개란 후회하는 데 머물지 않고 돌이킨다는 뜻입니다. 완전히 돌아선다는 것입니다. 그래서 제대로 회개한 사람은 같은 문제를 두고 두 번 다시 후회하지 않습니다.

과음을 자주 하는 사람은 아침에 지끈지끈 아픈 머리로 고생합니다. 심하면 술병에 걸리기도 합니다. 그런데 아침마다 후회하면서도 저녁이면 또 술자리에 가서 앉아 있는 자신을 발견합니다. 술을 마실 수밖에 없는 핑계는 얼마든지 댈 수 있습니다. 마시고 싶지 않아도 어떡합니까? 사회생활을 잘하려면 술자리에 가야 하지 않겠습니까? 이렇게 후회와 자기 합리화를 반복합니다. 이것이 동일한 후회를 되풀이하며 후회 속에 머무는 사람의 전형적인 모습입니다.

그러나 회개하는 사람은 어떻습니까? 아예 술자리에 가지 않습니다. 욕을 먹더라도 가지 않는 쪽을 선택합니다. 손해를 보게 될 것이 분명하지만 손해 보는 편을 선택합니다. 혹시 술자리에 가게 되더라도 술잔 받기를 거절합니다. 만약에 한 잔을 받았더라도 그 이상은 마시지 않습니다. 비록 술을 끊는 회개는 아니어도 술을 지나치게 마시지 않겠다고 결단하고 그런 삶을 살아 내는 걸 회개했다고 하는 것입니다. 이것이 후회하는 사람과 회개하는 사람의 차이입니다.

회개란 후회를 반복함으로써 에너지를 소모하고, 탈진하여 스스로 소진되어 가는 삶을 살지 않기로 결단하는 것입니다. 후회의 악순환 고리를 끊고 빠져나오는 것입니다. 결과적으로 진정한 회개는 후회하는 습관을 버리고 거듭남을 경험케 합니다. 그렇게 새로운 삶이 시작됩니다.

사도 바울은 자칫 자기 자신에게 집중하는 편집증에 빠질 수도 있었습니다. 그런데 그는 어떻게 빠져나올 수 있었습니까?

내가 받은 것을 먼저 너희에게 전하였노니 이는 성경대로 그리스도께서 우리 죄를 위하여 죽으시고 장사 지낸 바 되셨다가 성경대로 사흘 만에 다시 살아나사 게바에게 보이시고 후에 열두 제자에게와 그 후에 오백여 형제에게 일시에 보이셨나니 그중에 지금까지 대다수는 살아 있고 어떤 사람은 잠들었으며 그 후에 야고보에게 보이셨으며 그후에 모든 사도에게와 맨 나중에 만삭되지 못하여 난 자 같은 내게도 보이셨느니라 나는 사도 중에 가장 작은 자라 나는 하나님의 교회를 박해하였으므로 사도라 칭함 받기를 감당하지 못할 자니라 그러나 내가 나 된 것은 하나님의 은혜로 된 것이니 내게 주신 그의 은혜가 헛되지 아니하여 내가 모든 사도보다 더 많이 수고하였으나 내가 한 것이 아니요 오직 나와 함께하신 하나님의 은혜로라

_고전 15:3~10

그는 스데반이 돌에 맞아 죽을 때, 돌을 든 사람들이 자신의 옷을 벗어둔 그 자리에 있었습니다.

'내가 왜 거기에 갔을까. 무엇 때문에 그리스도인들을 체포하겠다고 여기저기 설치고 다녔을까….'

바울이 후회하자고 들면, 후회할 거리가 한두 가지가 아니었습니다.

'왜 일찌감치 예수님을 알아보지 못했을까? 예수님의 소문을 듣고 한 번이라도 찾아가 봤으면 좋았을 텐

데…. 어쩌다가 다른 사도들보다 크게 뒤처져 만삭되지 못하여 난 자처럼 맨 나중에 사도가 되었을까.'

그러나 바울은 자신의 부족한 모습에 집착하지 않았습니다. 떠올리고 싶지 않은 과거를 괴로워하거나 연연하지도 않았습니다. 이것이 중요합니다. 후회할 수밖에 없는 상황이 파도처럼 밀려올지라도 거기에 빠져들지 않는 것이 중요합니다.

바울은 교회를 박해하고 그리스도인들을 핍박했던 과거의 자신을 버려두고 앞으로 나아갔습니다. 돌이킬 수 없는 과거에 발목을 잡히는 대신 과거를 있는 그대로 인정하고 하나님을 바라보며 전진했습니다. 하나님의 은혜를 간절히 구하며 앞으로 걸어간 것입니다. 그 기도가 헛되지 않아서 그는 다른 사도들 못지않게 열정적인 사도가 되었으며, 누구보다도 부지런히 주님을 좇는 선교사의 삶을 살았습니다.

다윗은 또 어떻습니까? 그는 하나님 마음에 합한 사람이었습니다. 그러나 간음과 살인을 범합니다. 다윗은 나단 선지자에게서 죄를 지적당할 때 즉시 하나님께 엎드렸습니다. 그리고 밧세바와의 사이에서 태어난 아이의 목숨을 살려달라고 금식하며 매달렸습니다. 다윗의 신하들은 근심에 빠졌습니다. 저렇게 금식 기도하다가 병을 얻게 되지 않을까 애를 태운 것입니다. 결국 일주일간의 금식과 처절한 기도에도 불구하고 하나님은 아이의 생명을 거두어가십니다. 신하들은 아이를 잃은 다윗이 얼마나 더 괴로워할지 걱정이 태산 같았습니다.

그러나 뜻밖의 상황이 펼쳐집니다. 다윗이 바로 자리를 털고 일어나 음식을 청한 겁니다.

'하나님께서 아이를 데려가셨는데 내가 더 이상 무엇을 할 수 있는가?'

다윗에게는 후회의 기미가 조금도 없었습니다. 물론 그는 회개했습니다. 그러나 아이의 죽음으로 인해 하나님을 원망하지 않았고 하나님께 서운해하지 않았으며, 외면하지도 않았습니다. 그는 오히려 하나님께로 온전히 돌이켰습니다. 다윗은 의인이 아니라 회개한 죄인이었습니다. 다윗이 하나님 마음에 든 까닭은 그가 누구보다 의로워서가 아니라 그가 누구보다 철저히 회개할 줄 알았기 때문입니다.

회개가 무엇입니까? 과거의 후회에 머물지 않고, 미래를 향해 열심히 달려가는 것입니다. 회개한 사람은 과거에 머물지 않고, 미래를 향해 전력으로 달려 나갑니다.

그는 이제 새로운 푯대를 향해 걸어가는 사람입니다. 진정한 회개를 통해 더 이상 과거지향적인 태도가 아니라 미래지향적인 태도로 전진하는 사람입니다. 더 이상 과거가 현재를 끌어당기는 삶이 아니라 미래가 현재를 끊임없이 이끌어 가는 삶을 사는 사람입니다.

사람의 평가에
매이지 마라

바울이 과거에 얽매이지 않고, 미래를 향해 달려 나갈 수 있었던 데는 또 다른 비결이 있었습니다.

너희에게나 다른 사람에게나 판단받는 것이 내게는 매우 작은 일이라 나도 나를 판단하지 아니하노니 내가 자책할 아무것도 깨닫지 못하나 이로 말미암아 의롭다 함을 얻지 못하노라 다만 나를 심판하실 이는 주시니라 _고전 4:3~4

먼저 그가 자신을 스스로 판단하지 않는다는 사실에 주목하십시오.

후회란 무엇입니까. 후회는 자신을 스스로 판단하는 것입니다. "너는 그때 왜 그랬어?" 하며 자기 자신에게 스스로 손가락질하는 것입니다. 자책인 동시에 후회입니다.

바울은 스스로 "도대체 너는 어떻게 돼먹은 인간이니? 어떻게 사람이 그럴 수가 있어?" 하고 자책할 만도 했지만, 자신을 판단하지 않는다고 말합니다. 그는 "내가 자책할 아무것도 깨닫지" 못한다고 말하지만, 그렇다고 자신을 과대평가하거나 자랑하는 것도 아닙니다. 자신을 열등하게 여길 이유가 없듯이 스스로 우월하게 여기고 높일 이유도 없다고 말한 것입니다. 그렇게 함으로써 그는 자기 자신을 다른 사람들보다 더 의롭게 여길 만한 어떤 근거도 만들지 않았습니다.

사도 바울은 진정한 회개를 통해 거듭날 수 있었고, 그로 말미암아 새로운 삶을 열정적으로 살아갈 수 있게 되었습니다. 한마디로 회개가 그에게 앞으로 나아갈 힘을 주었고, 사도로서 살아갈 능력을 주었던 것입니다.

사람들은 그에게 "당신이 무슨 사도야. 학식이 높다고 들었는데, 말이 왜 그렇게 어눌해? 그래 가지고 어떻게 복음을 전하겠어…"라고 비난하기도 했습니다. 그는 온갖 쓴소리를 들었습니다. 그러나 바울은 낙심하지 않았습니다. 별의별 소리가 다 들렸지만, 그들의 판단에도 무게를 두지 않았습니다. 그에게는 다른 사람들의 평가가 중요하지 않았기 때문입니다. 그는 오로지 하나님의 심판만을 바라보았습니다.

과거에 붙들려서 종일 탄식하며 눈물짓지 마십시오. 섣불리 자신을 탓하지 마십시오. 모든 판단은 하나님께 맡기십시오.

세상 사람들은 서로 손가락질하느라 바쁩니다. SNS를 통해 온갖 비난과 욕설을 쏟아냅니다. 설사 그런 일이 벌어진다고 해도 자책하지 마십시오. 사람들의 말은 좋건 나쁘건 내가 생각하는 만큼 중요하지 않습니다. 하나님이 어떻게 보시는가가 중요할 뿐입니다. 사람을 무시해서가 아닙니다. 죄인의 수준에 묶이지 않을 따름입니다. 오직 하나님을 바라보며 하나님의 말씀을 푯대로 삼아 살아가기 시작하면, 무엇보다 자신의 중심이 흔들리지 않습니다. 더는 후회를 반복하거나 낙심에 사로잡히지 않게 됩니다.

선택이

인생을 가른다

　사람의 마음은 지극히 복잡합니다. 자기 마음을 스스로 다 이해하기란 그렇게 쉬운 일이 아닙니다. 왜냐하면 마음은 나 혼자 거주하는 공간이 아니기 때문입니다. 우리 각자는 마음이라는 광활한 공간에 누구를 초청하느냐에 따라 어떤 삶을 살게 될지가 결정됩니다. 즉 자신에게 끊임없이 손가락질하는 존재를 불러들일지 아니면 언제나 자신을 토닥이며 다시 일으켜 세워 주는 손길을 초청할 것인지가 중요합니다. 그 선택이 우리 인생을 가르는 중요한 분기점이 됩니다.

　사도 바울은 어떤 선택을 했습니까? 그는 후회 대신에 회개를 선택했습니다. 과거 대신에 미래를 선택했습니다. 그래서 그는 후회 속에 머물지 않고, 하나님이 인도하시는 대로 성큼성큼 나아갈 수 있었습니다.

　우리는 인생의 패러다임을 바꾸어야 합니다. 과거에서 바라보는 관점을 버려야 합니다. 어떤 실수와 실패와 실족을 경험했더라도 거기에 매이지 말고, 분연히 떨치고 나오십시오. 과거 대신에 미래를 선택하십시오. 우리를 미래로 인도하시는 손길을 따라 나아가기로 결단하십시오. 그것이 바로 믿음의 선택이요 믿음의 삶이며 하나님과의 아름다운 동행입니다.

후회를 거듭하지 마십시오. 자책하지 마십시오. 낙심에 빠지지 마십시오. 하나님은 "일곱 번뿐 아니라 일곱 번을 일흔 번까지라도"(마 18:22) 용서해 주시는 분입니다. 그 용서의 근거는 후회가 아닙니다. 회개입니다. 돌이킴입니다. 하나님은 후회하는 자가 아니라 회개하는 자를 용서하신다는 뜻입니다. 비슷하게 들리지만 전혀 다른 말입니다. 진정한 회개를 통해서 하나님이 주시는 회복을 경험해 보십시오. 하나님이 친히 우리를 일으켜 세워 주실 것입니다.

사도 바울은 "죄인 중에 내가 괴수"(딤전 1:15)라고 고백했습니다. 저 또한 바울보다 더했으면 더했지 덜하지 않습니다. 바울보다 더 큰 죄인임을 잘 압니다. 그러나 만약 제가 그 죄에 계속 머물러 있었더라면, 저의 죄를 거듭 묵상했더라면, 그래서 후회 속에 갇혀 버렸더라면 저는 다시 일어설 수 없었을 것입니다. 그러나 저는 돌이켰고, 주님의 의롭다 하시는 음성을 들었으며, "네가 이제 나를 따르겠느냐?"고 물으실 때, 기꺼이 따르겠노라고 대답했습니다. 그랬기에 오늘날 이렇게 교회를 섬길 수 있는 기회를 얻게 된 것입니다.

그러므로 저는 당당하게 말할 수 있습니다. 함부로 후회하지 마십시오. 절대로 낙심하지 마십시오. 과거에 머물며 후회 속에 갇혀 살 것인지, 미래를 향해 소망 가운데 나아갈 것인지 선택하십시오. 내 마음속에 누구를 초청할지 결단하십시오. 당신의 결심과 선택과 결단이 당신의 미래를 영원히 바꿔 놓을 것입니다.

Q 회개란 과거에 지은 죄에서 돌이키는 것이라고 하지 않습니까? 그런데 회개했다고 하면서도 죄를 저지르는 경우가 많습니다. 그래서 어떤 사람은 그리스도인이 무책임하다고 비난하기도 하는데, 돌이키는 것이 왜 그렇게 힘들까요?

회개란 죄에서 완전히 돌이키는 것입니다. 같은 죄를 두 번 다시 짓지 않는 것이지요. 죄를 반복하지 않는 것, 바로 이것이 회개가 인생에 주는 보상입니다. 그런데 그게 쉽지 않습니다.

성령 충만하다는 것은 잘못을 저지르지 않게 된다는 뜻이 아니라 잘못을 저지르고 나서 돌이키는 시간이 점점 짧아짐을 의미합니다. 즉 죄와 돌이킴 사이의 간격이 점점 좁아지는 것을 가리켜 성령 충만이라고 합니다. 그렇게 자꾸 돌이키는 삶을 사는 것이 회개의 삶입니다.

정말로 가치 있는 것을 손에 쥔 사람, 삶의 목적이 분명한 사람은 머뭇거리지 않습니다. 그러므로 자기의 악한 버릇을 자꾸 묵상하지 말고, 우리에게 주신 복음이 얼마나 귀한가를 생각하십시오.

때로는 분명히 회개하여 인생이 달라졌는데도 사람들이 인정해 주지 않기도 합니다. 나는 돌이켰지만, 주변 상황이 딱히 바뀌지 않는 것입니다. 바로 사도 바울이 그런 삶을 살지 않았습니까? 예수님을 만난 후 회개했지만, 유대교 사람들도 예수님의 제자들도 그를 믿어 주지 않았습니다. 변절자와 박해자로 양쪽에서 모두 비난을 받았습니다.

이처럼 정말로 하나님의 길을 가겠다고 나서면, 양쪽에 적이 생기게 마련입니다. 회개로 나아가는 길은 좁습니다. 좁은 길을 선택하기가 결코 쉽지 않습니다. 그래서 우리가 믿고 의지하며 따라가야 할 대상이 확실해야 합니다.

회개는 일종의 프러포즈와도 같습니다. 한 사람과 미래를 함께하기로 결정하면, 다른 사람들을 더 이상 돌아보지 않습니다. 더 이상 방황하지 않고 한 사람에게 집중할 수 있는 것입니다. 오랜 방황이 끝나고 얼마나 큰 안정감이 우리를 둘러쌉니까. 비록 고난이 시작될지라도 흔들리지 않고 그 길을 가는 이유는 믿음 때문입니다.

Q 회개하기보다는 후회에 머물 때가 더 많은 것 같습니다. 아무래도 내 안에 상처가 많아서 그런 것 같은데, 회개해야 하는 죄와 치유가 필요한 상처의 차이는 무엇인가요? 회개하고 미래로 나아가려면 상처를 어떻게 다루어야 하는지를 배우고 싶습니다.

세상에 상처 없는 사람은 없습니다. 살다 보면, 누구나 어떤 식으로든 상처를 받기 마련입니다. 저도 상처가 많은 편인데, 여간해서는 들여다보지 않습니다. 상처를 묵상하면 할수록 낫는 데 시간이 더 걸린다고 생각하기 때문입니다. 상처만 들여다보고 있으면 빨리 낫습니까? 오히려 다른 일을 하다 보면 어느새 낫는 경우가 많습니다. 딱지가 생겼다가 떨어지면서 낫습니다. 내적 치유 사역자들에게 도움을 청하는 사람들도 있지만, 궁극적인 치유를 위해서는 사람을 온전케 하시는 유일하신 하나님의 손길에 맡겨야 합니다. 그러니 상처에 너무 집중하지 마십시오. 대개 오래 집중하면 집착하게 됩니다.

그리스도인이 다른 종교인들과 다른 점이 있습니다. 그리스도인은 자기 상처를 들여다보는 대신에 남의 상처를 돌보다가 덤으로 자기 상처가 낫는 경험을 하는 사람입니다. 상처는 묵상한다고 해서 회복되는 게 아닙니다. 나아가 자기 상처를 돌아보지 않고 하나님을 바라볼 때, 상처는 더 이상 효력을 지니지 못합니다.

또한 십자가는 이 세상에 현존하는 가장 강력한 상처 치유제입니다. 그분이 받은 모든 상처 때문에 우리가 나음을 얻었습니다. 십자가는 지금도 날마다 '상처 입은 치유자'를 이끌어 줍니다.

Q 바울은 "죄의 삯은 사망"(롬 6:23)이며, 우리가 "그리
스도 안에서 그의 은혜의 풍성함을 따라 그의 피로 말미
암아 속량 곧 죄 사함을"(엡 1:7) 받았다고 말했는데요.
죽음으로 죄 사함을 받는다는 원리의 배경이 궁금합니
다. 그저 하나님의 섭리로 이해해야 할까요? 또 흠 없는
제물에 죄를 전가하여 번제로 드리면, 내 죄가 속량된다
는 원리의 배경도 궁금합니다.

　　죄에는 현상죄와 뿌리죄가 있습니다. 다른 말로 자범
죄와 원죄라고도 합니다. 하나님을 떠난 인간은 무슨 짓
이든 할 수 있습니다. 인간 스스로 짓는 모든 죄를 현상
죄, 곧 자범죄라고 합니다.

　　죄는 어디서부터 시작했을까요? 태초에 첫 피조물인
아담과 하와가 사탄의 유혹에 넘어가 하나님께 불순종한
데서부터 죄가 비롯되었습니다. 죄는 하나님을 인정하지
않는 것이며, 인간 스스로 자신이 피조물임을 부인하는
행위인 셈입니다. 이것이 뿌리죄, 곧 원죄입니다.

　　국가 법률은 죄의 경중에 따라 형벌을 주되 정상을 참
작하여 사면할 수 있도록 규정하고 있지만, 대역죄는 사
면이 없습니다. 뿌리죄는 하나님에 대한 대역죄이므로
용서받을 수 없습니다. 핏값으로 치를 수 없을 정도로 중
대한 죄입니다.

　　우리는 죄에 관해 너무 무감각합니다. 거짓말이나 도

둑질은 가벼운 죄로 여길 정도가 되었고, 온갖 현상죄를 양심의 가책 없이 저지르며 살아갑니다. 현상죄의 뿌리를 더듬어 올라가면 하나님을 거부하다 자기 자신이 누구인지를 잊어버린 죄의 출발 지점에 도달합니다.

구약의 제사 목적이 무엇입니까? 죄가 얼마나 무서운지를 기억하라는 것입니다. 자녀에게 매를 드는 까닭은 해서는 안 될 일이 무엇인지를 가르치기 위해서가 아닙니까? 마찬가지로 인간은 끊임없이 동물 제사를 드림으로써 자기 죄가 얼마나 심각한지를 기억했습니다. 제사를 통해 죄가 용납될 수 없다는 사실을 배웠습니다.

희생 제물은 제사장이 잡아 주는 게 아닙니다. 제물을 드리는 사람이 직접 잡아야 하는데, 동물에 안수하여 죄를 전가한 후에 동물의 멱을 따서 피를 받아야 합니다. 살아 있는 동물을 죽이는 일이 어디 쉽습니까? 죄를 지을 때마다 동물이 피를 흘리며 나 대신 죽어야 하니, 죄의 삯은 분명히 사망이라는 사실을 제사 때마다 매번 목도하는 것입니다.

예수님은 자신이 속죄 제물로 오셨다고 스스로 선언하십니다. 죗값을 치를 대속물로 십자가에 달리셨고, 십자가에서 그 값을 다 치렀다고 선언하셨습니다. 이 선언이 은혜의 복음이고, 이 은혜의 복음을 믿음으로 수용하는 것이 구원입니다.

구원은 사실입니다. 구원은 진리입니다. 성령이 오신

까닭은 이 사실을 인간이 믿을 수 있도록 하시기 위함입
니다.

왜
거기에 관심을 두나

Why are you disappointed?

낙심이란 지극히 인간적인 반응입니다. 사람이니까 낙심하지, 본능에 따라 반응하는 짐승들은 낙심할 줄 모릅니다. 그런 의미에서 보면, 어떤 일에 기대를 걸고 희망을 품었다가 좌절되면 낙심하는 것은 지극히 정상적이며 평범한 일입니다. 문제는 낙심에서 헤어나지 못한 채 오래 머무는 것입니다. 그리고 과연 그 일이 낙심할 만했는가의 여부입니다.

물론 기대가 크면 낙심도 크게 마련입니다. 그래서 어떤 사람들은 마치 현자처럼 "기대가 낙심의 근원이니 매사 아예 기대조차 하지 말라"고 조언하기도 합니다. 그러나 어떻게 그럴 수 있겠습니까? 인간은 끊임없이 일말의 기대감을 품고 당면한 문제를 해결하고자 노력하는 존재인데 말입니다. 그러므로 기대에 미치지 못한 상황에서

때로 낙심하는 일은 불가피할 수밖에 없습니다.

　제 삶을 돌아보면, 낙심할 거리가 참 많았습니다. 1978년에 MBC 문화방송에 입사해서 25년간 회사생활을 했습니다. 입사 동기생이 5명이었는데, 수습 기간 6개월을 마친 후에 전원 사회부로 배속되었습니다. 각자 일선 경찰서를 출입하는 일부터 시작했습니다. 경찰서를 출입하다가 1년쯤 지나면, 개인별로 인사이동이 시작됩니다. 다들 얼마나 인사에 마음이 쓰였겠습니까?

　동기생들이 하나씩 부서를 옮겨 가기 시작했습니다. 입사 3년 차에는 동기 5명 중 4명이 빠져나가고, 저 혼자 남게 되었습니다. 6년 차가 될 때까지 저만 부서 이동이 없었습니다. 낙심할 수밖에 없었습니다. 매일 밤마다 술자리를 전전하는 일이 일상이 되고 말았습니다. 술좌석에서 나누는 얘기야 윗사람들 욕하는 것밖에 더 있겠습니까? 왜 나 같은 사람을 대접해 주지 않는지, 왜 저런 사람이 특혜를 보고 있는지, 이런저런 불만을 쏟아놓는 동료들과 밤을 새우는 일이 잦았습니다. 결국 사회부에서 내리 6년을 보냈습니다.

　그런데 지나고 보니 그 소중한 시간을 무의미하게 허비했다는 생각이 들었습니다. '왜 나는 감정과 에너지

를 탕진하며 그 시간을 소모해 버렸을까' 몹시 후회되었
습니다. 그래서 뒤늦게나마 왜 낙심되는 상황에서 가능한
한 빨리 빠져나와야 하는지를 깨달았는지도 모릅니다.

무엇을 얻으려
믿음의 길에 들어섰는가

하루는 젊은 부자 관원이 예수님을 찾아왔습니다.
그는 무엇 하나 빠진 것 없이 다 가진 사람이었습니다. 돈
도 있고, 권력도 있고, 믿음을 가진 데다가 젊기까지 합니
다. 그런 그가 예수께 묻습니다.

선생님이여 내가 무슨 선한 일을 하여야 영생을 얻으리
이까 _마 19:16

예수님은 "네가 생명에 들어가려면 계명들을 지키
라"(17절)고 하셨는데, 그가 계명까지도 다 지켰다(20절)고
하니 예수님이 물끄러미 쳐다보시다가 "네가 온전한 사
람이 되고 싶은 게로구나" 하시면서 "가서 네 소유를 팔아

가난한 자들에게 주라 그리하면 하늘에서 보화가 네게 있으리라 그리고 와서 나를 따르라"(21절)고 말씀하십니다.

그러나 가진 게 그렇게 많은데, 어떻게 그 재산을 다 팔아서 다른 사람들에게 나누어 줄 수 있겠습니까? 부자 청년은 "근심하며"(22절) 돌아갔습니다. 가진 걸 다 팔고서 예수님을 따른다는 게 쉬운 일이겠습니까? 낙심할 수밖에 없었을 것입니다.

예수님이 그의 뒷모습을 보면서 제자들에게 말씀하십니다. "내가 진실로 너희에게 이르노니 부자는 천국에 들어가기가 어려우니라"(23절). 그리고 어느 정도로 어려운지 비유를 들어 말씀해 주십니다. "낙타가 바늘귀로 들어가는 것이 부자가 하나님의 나라에 들어가는 것보다"(24절) 쉬울 거라는 것입니다. 놀란 제자들이 그렇다면 누가 구원을 얻을 수 있겠느냐고 되묻자 "사람으로는 할 수 없으나 하나님으로서는 다 하실 수"(26절) 있다고 말씀해 주십니다.

이때 베드로가 불쑥 질문을 던집니다. 평소에도 궁금한 것은 못 참고 바로 묻는 것이 베드로의 특성입니다.

보소서 우리가 모든 것을 버리고 주를 따랐사온대 그런즉
우리가 무엇을 얻으리이까 _마 19:27

사실, 예수님을 따르는 삶을 살기란 쉽지 않습니다.
열두 제자는 생업을 내려놓고, 자기 가족을 뒤로 한 채 3년
간 예수님만 쫓아다녔습니다. 보통 일이 아닙니다. 당시 베
드로를 비롯한 제자들의 최대 관심은 "그러면 나는 어떤 보
상을 받게 될 것인가?"였을 것입니다.

제자들의 속내를 아신 예수님은 바로 대답하지 않
으시고, 비유를 하나 들려주십니다. "천국은 말이다. 자기
포도원에서 일할 일꾼을 구하려고 이른 아침에 집을 나선
어떤 포도원 주인과도 같단다." 예수님을 따른다는 것이
무엇인지를 깨닫도록 하십니다.

그가 하루 한 데나리온씩 품꾼들과 약속하여 포도원에 들
여보내고 또 제삼 시에 나가 보니 장터에 놀고 서 있는 사
람들이 또 있는지라 그들에게 이르되 너희도 포도원에 들
어가라 내가 너희에게 상당하게 주리라 하니 그들이 가고
제육 시와 제구 시에 또 나가 그와 같이 하고 제십일 시에
도 나가 보니 서 있는 사람들이 또 있는지라 이르되 너희

는 어찌하여 종일토록 놀고 여기 서 있느냐 이르되 우리
를 품꾼으로 쓰는 이가 없음이니이다 이르되 너희도 포도
원에 들어가라 하니라 저물매 포도원 주인이 청지기에게
이르되 품꾼들을 불러 나중 온 자로부터 시작하여 먼저 온
자까지 삯을 주라 하니 제십일 시에 온 자들이 와서 한 데
나리온씩을 받거늘 먼저 온 자들이 와서 더 받을 줄 알았
더니 그들도 한 데나리온씩 받은지라 _마 20:2~10

    포도원 주인이 아침 일찍 인력시장에 나가서 일할
사람을 데려옵니다. 조금 있다가 오전 9시쯤 가보니 아
직 일자리를 구하지 못한 사람들이 있어서 더 데려옵니
다. 정오에 나가서 또 데려오고, 오후 3시에 나가서도 일
자리를 얻지 못하고 서성이는 사람들을 데려옵니다. 그리
고 일을 끝내야 할 시간이 가까웠는데도 마지막으로 오후
5시에 나가서 아직도 그 자리에 머물러 있는 사람들을 데
려옵니다.

    이윽고 날이 저물고 일이 끝났습니다. 주인이 제일 늦
게 온 사람부터 일당을 주기 시작하는데, 10만 원을 지급합
니다. 그러니 아침 일찍부터 와서 일한 사람이 어떤 생각을
하겠습니까? '저 사람들 얼마 일하지도 않았는데 10만 원

이나 받다니! 그러면 나는 30만 원 정도는 받겠네' 하고 기대에 부풀었을 것입니다. 그런데 오후 3시에 온 사람, 정오에 온 사람, 오전 9시에 온 사람, 아침 일찍 와서 일한 사람 모두 동일하게 10만 원을 받았습니다. 그 순간, 아침 일찍 와서 일한 일꾼들의 얼굴이 벌겋게 달아오릅니다.

받은 후 집주인을 원망하여 이르되 나중 온 이 사람들은 한 시간밖에 일하지 아니하였거늘 그들을 종일 수고하며 더위를 견딘 우리와 같게 하였나이다 _마 20:11~12

이만저만 낙심한 게 아닙니다. 기대가 큰 만큼 실망도 큽니다. 그들이 주인에게 항의합니다. "우리는 온종일 땀 흘려 일했는데, 고작 한 시간 일한 사람과 똑같은 임금을 주다니요. 이래도 되는 겁니까?"

주인이 그중의 한 사람에게 대답하여 이르되 친구여 내가 네게 잘못한 것이 없노라 네가 나와 한 데나리온의 약속을 하지 아니하였느냐 네 것이나 가지고 가라 나중 온 이 사람에게 너와 같이 주는 것이 내 뜻이니라 내 것을 가지고 내 뜻대로 할 것이 아니냐 내가 선하므로 네가 악하게 보

느냐 이와 같이 나중 된 자로서 먼저 되고 먼저 된 자로서 나중 되리라 _마 20:13~16

　주인이 불평을 쏟아놓는 일꾼들에게 묻습니다. "나는 너희들에게 일당을 주겠다고 약속했고, 내 기준대로 임금을 주었는데, 내가 무엇을 잘못했느냐?" 일꾼들은 대답할 말이 없습니다.

　예수님은 베드로에게 어떤 말씀을 들려주고 싶으신 것일까요?

　"베드로야, 네가 모든 걸 버리고 나를 따른 걸 안다. 그러나 네가 버린 것의 갑절을 보상받길 바라고 나를 따른 것이라면, 너는 결국 크게 낙심하게 될 것이다. 너는 이게 어떤 길인지 아직도 모르고 있구나."

　믿음의 길은 투입과 산출의 균형을 맞추는 길이 아닙니다. 투자 대비 이익을 계산해서 그 이익을 극대화하는 길이 아니라는 뜻입니다. 그것은 그리스도인의 삶의 방식이 아닙니다. 내가 얼마의 봉사를 했으니 얼마의 은혜를 받겠구나 하고 계산한다면, 크게 잘못된 것입니다. 예수님은 우리가 흔히 착각하는 부분을 정확히 짚어서 말씀해 주셨습니다.

일반 종교의 복 개념은 일종의 마일리지 시스템입니다. 각 항공사가 앞다투어 약속하는 마일리지는 비행 횟수와 운항 거리만큼 적립됩니다. 그 마일리지의 많고 적음에 따라 클래스는 엄격하게 나뉩니다. 즉 많이 투자한 만큼 많은 보상을 받는다는 개념입니다. 시간이든 돈이든 많이 투자하면 할수록 반대급부가 커질 것이라는 약속입니다. 그래서 이생에 선행 포인트를 많이 쌓아 놓으면, 다음 생에는 업그레이드 받아서 더 안락하게 살게 되리라는 희망을 품게 합니다.

그러나 예수님은 천국은 일찍 왔다고 많이 받거나 늦게 왔다고 해서 적게 받는 곳이 아니라고 말씀하십니다. 천국은 오히려 나중에 온 사람이 먼저 되고, 먼저 온 사람이 나중 되는 곳임을 일깨워 주십니다.

만약에 내가 투자한 만큼 회수하기를 원하거나 더 큰 보상을 바라고 이 길을 간다면, 반드시 크게 낙심하게 될 것입니다. 하나님을 믿지 않는 사람보다도 훨씬 더 크게 좌절할 것입니다.

낙심하는 근본 이유는
무엇인가

모든 것을 버리고 따랐으니 무엇을 얻게 될지 궁금하다는 베드로나 일한 만큼 보상받지 못했다고 억울해하는 일꾼, 그들의 태도에는 어떤 문제가 있을까요? 우리가 낙심하는 이유를 알기 위해서, 우리 안에 과연 어떤 근본적인 문제점이 있는지를 살펴보고자 합니다.

첫째, 일에 관한 태도가 잘못되어 있습니다. 포도원 주인은 분명히 일꾼과 일한 대로 대가를 주기로 약속했습니다. 그것은 일종의 계약입니다.

여기서 신앙인의 삶의 태도 가운데 중요한 문제가 등장합니다. 인생은 계약만큼 사는 게 아니라는 것입니다. 태어날 때, 몇 살까지 살다가 죽기로 계약하고 태어납니까? 아닙니다. 세상에 태어나 지금까지 살고 있다는 것은 분명 은혜입니다. 일방적인 은혜입니다. 이 땅에 태어날 때, 내가 투자한 게 있었습니까? 하나도 없습니다. 그런데 무슨 권리를 주장하겠습니까?

그런데 우리는 마치 계약서가 있는 것처럼 떼를 쓰곤 합니다. 사실, 하나님은 우리가 계약을 요구할 상대가 아닙니다. "내가 이걸 해 드릴 테니 하나님은 저걸 해 주십시오"라고 말할 수 없다는 뜻입니다. 하나님은 우리에게 일방적으로 베풀어 주시는 분입니다. 이것은 신앙의 신비이기도 하고, 신앙의 길을 걷는 사람들이 반드시 기억해야 할 규범이기도 합니다.

어떤 사람은 직장에서 받은 만큼만 일해야 한다고 주장합니다. 100만 원을 받으면, 딱 100만 원어치만 일해야 한다는 것입니다. 혹시라도 받은 것보다 더 일할까 봐 노심초사하기까지 합니다. 6시 퇴근인데, 6시 5분에 일어나면 5분만큼 손해 봤다고 생각합니다.

그러나 그러한 태도로 사는 한 하나님의 은혜를 알 길이 없습니다. 하나님을 알 수도 없고, 하나님 나라를 경험할 수도 없습니다.

하나님은 포도원을 왜 지으셨을까요? 포도주가 마시고 싶어서 지으셨겠습니까? 포도 생산을 늘려서 무역 흑자를 내기 위해 만드셨겠습니까? 아닙니다. 하나님은 할 일이 없어서 서성이는 우리에게 일거리를 주기 위해서 포도원을 만드신 것입니다. 하나님을 위해서가 아니라 우리를 위해서 만드셨다는 말입니다.

그러므로 하나님의 일을 할 때는 하나님이 나를 불

러 주신 것, 즉 나를 자녀 삼아 주신 것에 관한 감사가 기쁨의 원천이 되어야 합니다. 한 데나리온이라는 품삯이 기쁨의 이유가 되어서는 안 된다는 말입니다. 자신이 지금 어떤 태도로 하나님의 일을 대하고 있는지 한번 점검해 보십시오.

둘째, 자신을 스스로 평가했습니다. 불평한 일꾼들은 늦게 온 다른 일꾼들이 한 데나리온을 받는 것을 보고, '나는 아침 일찍부터 와서 종일 고생하며 일했으니 더 받겠지' 하고 지레짐작했습니다. 하지만 일한 것의 평가는 누가 해야 합니까? 주인이 해야 할 일입니다.

자기를 스스로 평가하는 버릇이 얼마나 고약한 것인지 우리는 잘 모릅니다. 자신만 평가하지 않고, 다른 사람들을 직간접적으로 평가하는 것이 얼마나 심각한 문제인지 우리는 잘 알지 못합니다. 그 일이 매 순간 선악과를 먹는 것임을 쉽게 잊어버립니다. '저 사람은 12시 점심 시간에 왔고, 저 사람은 아마 3시쯤 왔지? 그런데 늦게 온 주제에 왜 이렇게 일을 못하는 거야?' 온갖 평가를 다 합니다. 자기만큼 일을 열심히 하고, 자기만큼 일 잘하는 사람이 없는 것 같습니다. 심지어 '내가 없으면 일이 안 돌아갈 것'이라고 생각합니다. 다 자기 자신을 과대평가한

데서 비롯된 착각입니다.

셋째, 자신과 다른 사람을 비교했습니다. 포도원 주인과 근로 계약을 했다면, 그것은 나와 포도원 주인 간의 문제입니다. 쌍방이 서로 계약을 준수하면 그만입니다. 축구를 좋아하지도 않고, 잘하지도 못하면서 축구선수의 연봉이 왜 그렇게 많으냐며 분노하는 사람들이 있습니다. 왜 분노합니까? 내 주머니를 털어서 축구선수에게 연봉을 주기라도 한 것입니까?

다른 사람이. 한 데나리온을 받건 두 데나리온을 받건 그것은 내가 관여할 일이 아닙니다. 왜 다른 사람의 계약 조건에 그토록 많은 관심을 쏟습니까?

은혜를 온전히 받으면,
진정한 자유를 얻는다

그렇다면 이제 우리는 어떻게 해야 합니까? 사도 바울에게서 해결의 실마리를 찾아보겠습니다.

아무 일에든지 다툼이나 허영으로 하지 말고 오직 겸손한 마음으로 각각 자기보다 남을 낫게 여기고 각각 자기 일을 돌볼뿐더러 또한 각각 다른 사람들의 일을 돌보아 나의 기쁨을 충만하게 하라 _빌 2:3~4

무엇보다 다툼이나 허영으로 일하지 말라고 조언합니다. 여기서 "다툼"이란 자기밖에 모르는 삶의 태도를 말합니다. 즉 이기적인 본성을 가리킵니다. 다툼으로 일하는 사람은 일을 성취하는 것보다는 자신이 어떤 평가를 받는가에 따라 기쁨이 오르락내리락합니다. 일보다는 다른 사람의 시선에 더 큰 관심이 있습니다. 일을 사랑하거나 일을 해내는 것이 목적이 아닙니다. 그의 관심은 오로지 다른 사람들이 나를 바라보는 시선에 있고, 내가 받게 될 품삯에 있습니다. 그러니 무슨 일을 하든지 다툼으로 할 수밖에 없습니다.

허영은 착각에서 비롯됩니다. 자기 분수에 넘치도록 실속 없이 겉치레하는 이유는 자기 자신을 오해하기 때문입니다. 착각하는 것입니다.

그러므로 낙심하지 않으려면, 나르시시스트(narcissist)의 자기애를 버리고 자기 자신을 있는 그대로 객관화할 필요가 있습니다. 정말로 집중해야 할 대상이 누구이며 무엇인지를 알아야 한다는 뜻입니다. 아이를 돌보는 일을 생각해 보십시오. 얼마나 예쁜 옷을 입혔는지, 얼마나 많은 것을 가르치고 있는지가 중요합니까? 진정 아이가 무엇을 필요로 하는지에 관심을 가져야 하지 않겠습니까? 그러나 앞뒤가 뒤바뀐 사람이 너무나 많습니다.

바울은 그런 사람들에게 이런 마음을 품으라고 조언합니다.

> 너희 안에 이 마음을 품으라 곧 그리스도 예수의 마음이니 그는 근본 하나님의 본체시나 하나님과 동등됨을 취할 것으로 여기지 아니하시고 오히려 자기를 비워 종의 형체를 가지사 사람들과 같이 되셨고 사람의 모양으로 나타나사 자기를 낮추시고 죽기까지 복종하셨으니 곧 십자가에 죽으심이라 _빌 2:5~8

예수 그리스도의 마음과 태도로 일하라는 것입니다. 내가 나를 높이려고 하지 않을 때 하나님이 필요하다면 나를 높여 주신다는 것입니다. 이 말씀을 깊이 묵상하여 깨닫고, 기억하며 살 수 있게 되기를 바랍니다.

또 바울은 "내가 나 된 것은 하나님의 은혜로 된 것

이니 내게 주신 그의 은혜가 헛되지 아니하여 내가 모든 사도보다 더 많이 수고하였으나 내가 한 것이 아니요 오직 나와 함께하신 하나님의 은혜"(고전 15:10)라고 고백합니다.

이렇게 사는 사람이 낙심하겠습니까? 낙심하고 싶어도 낙심할 수가 없습니다. 낙심의 버릇에서 금세 빠져나오게 됩니다.

하나님은 저를 설교자로 세우기 위해 70년을 애쓰셨습니다. 저를 고쳐 쓰시기 위해 온갖 것을 인내하며 기다려 주시고, 다독이며 가르쳐 주셨습니다. 그동안 제가 수고한 것이 있습니까? 없습니다. 저는 제 길을 고집하다 고생을 자초한 것뿐입니다.

오늘의 자기가 있기까지 하나님이 얼마나 수고하셨는지를 알면, 아마 그 자리에서 까무러칠 사람이 꽤 많을 것입니다. 어린아이가 걸음마를 배우려면, 부모가 만 번이상 안아 줘야 합니다. 그런데도 아이가 걷기 시작하면 자기가 잘나서 걷는 줄 압니다. 수없이 품에 안아 준 것, 넘어질 때마다 수없이 일으켜 세워 준 것은 다 잊어버립니다. 부모가 얼마나 고생해서 자녀를 키워 주었는지 아들딸이 모르듯이 우리는 하나님이 우리에게 얼마나 큰 은혜를 베풀어 주시는지 알지 못합니다. 이것이 인간입니다.

내가 뭘 했다고 낙심합니까? 내가 잘나면 얼마나 잘났다고 낙심합니까? 자꾸 낙심하는 것은 뒤집어 보면 교만의 또 다른 증세입니다.

우리는 신앙 안에서도 낙심할 때가 많습니다. 차라리 믿음이 없으면 하나님께 주장할 일이 없습니다. 그런데 새벽기도나 철야기도 좀 하고, 부흥회까지 찾아다니면 내게 얼마나 큰 기도의 응답을 주실지 기대합니다. 이것이야말로 난센스입니다. 기도로 하나님과 교제하는 시간을 가졌으면 그만이고, 부흥회에서 좋은 말씀을 들었으면 그뿐이지, 무엇을 더 달라고 떼를 씁니까?

예수님은 시원시원하신 분입니다. 결론을 간단히 말씀하십니다.

나중 된 자로서 먼저 되고 먼저 된 자로서 나중 되리라

_마 20:16

"베드로야, 네 손에 쥘 것만 생각하면, 뒷사람에게 추월당할지도 몰라. 이게 영적 세계의 원리란다. 그러니

은혜를 은혜로 온전히 받아라"라고 말씀하신 셈입니다. 은혜의 원리를 알고, 하나님이 우리를 부르신 목적과 소명을 알면 내가 나를 주장할 일이 없어집니다. 참된 믿음은 계산을 초월합니다.

이것이 바로 자유입니다. 이기심에서 놓이고, 내 몫을 계산하지 않음으로써 얻는 자유입니다. 다툼과 허영으로 따질 게 없습니다. 더 많이 갖기 위해 악다구니를 쓸 일이 없습니다. 부부간에도 서로 주장하느라 다투는 일이 사라집니다. 배우자가 나와 살아 주는 것만으로도 감사하게 됩니다.

낙심은 다툼과 허영에서 비롯됩니다. 착각과 오해의 결과입니다. 뒷사람에게 추월당하고 나서 탄식하지 말고, 나와 주님과의 관계를 먼저 돌아보십시오. 그러면 낙심할 일이 없어질 것입니다. 진정한 자유를 아는 그리스도인, 진정한 기쁨을 아는 그리스도인이 되기를 바랍니다.

Q 저는 소셜미디어 활동을 자주 합니다. 페이스북의 '좋아요', 인스타그램의 '하트' 수, 그리고 댓글에 많은 신경을 씁니다. 왜 친구 아무개는 내 글에 아무 반응도 하지 않는 걸까, 왜 이 사람은 이런 댓글을 남겼을까 등에 신경 쓰다 보니 일상생활에도 지장이 있습니다. 그렇다고 페북이나 인스타를 끊기도 어렵습니다. 어떻게 해야 할까요?

지인 중의 한 분은 페북이나 인스타를 밤새 들여다보곤 한다고 합니다. 어느 날은 그것 때문에 낙심하여 온종일 힘들어하기도 합니다. 낙심할 것을 왜 보는지 모르겠습니다. 저는 '좋아요' 개수나 댓글을 살필 시간에 기도하라고 권하고 싶습니다.

기도는 하나님을 갈망하는 몸짓입니다. "나는 세상을 갈망하지 않습니다. 하나님을 갈망합니다"라는 고백이 바로 기도 아니겠습니까? 사람들의 관심이나 '좋아요' 개수가 아니라 기도가 우리를 살립니다. 그러니 사람들의 반응에 너무 얽매이지 않기를 바랍니다.

'좋아요' 개수가 많아지면, 도파민이 나와서 기분이 좋아지긴 하지만, 그것 때문에 우리 기분이 오르락내리락해서야 되겠습니까? 우리에게는 자신이 한 일을 다른 사람들에게서 인정받고 지지받고 싶어 하는 목마름이 있습니다. 그런데 이 목마름, 즉 갈증이 우리를 영적 전쟁터로 유인합니다. 갈증이 아무리 심해도 바닷물은 마시면 안 됩니다. 갈증이 더 심해져서 죽음에 이르게 되기 때문입니다. 사탄은 '좋아요'와 댓글의 개수로 유인하여 우리를 세상 바다에서 허우적거리게 합니다.

속지 마십시오. 우리 영혼이 갈급한 것은 사람들의 칭찬에 목마르기 때문이 아니라 하나님을 간절히 바라기 때문입니다. 그러나 안심하십시오. 하나님 아버지께서 은밀한 곳에서 내 삶을 보고 계십니다. 그리스도인은 하나님이 내 삶을 살피고 계시다는 사실을 기억하는 것만으로도 힘을 얻을 수 있습니다.

사람들의 평판에 이리저리 거품처럼 세상 바다 위를 떠다닐 게 아니라 하나님의 말씀을 붙잡아 믿음에 굳게 뿌리 내린 삶을 사는 주의 백성이 되기를 축복합니다.

만일 당장 SNS를 끊기가 어렵다면 멈추는 것부터 연습해 보기 바랍니다. 잠자는 시간 외에 하루 몇 시간은 더 거리를 두는 것입니다. 손이 닿지 않는 곳에 스마트폰을 둘 수도 있고, 비행기 탑승 모드로 바꿔 놓고 몇 시간 지낼 수도 있지 않습니까? 그러다가 일주일에 하루, 한 달에 하루 이틀 정도는 자유를 선언할 수도 있을 것입니다. 제가 아는 어떤 분은 일 년에 석 달씩 SNS에서 사라지기도 합니다. 해독 기간이 없으면 중독에서 못 벗어나는 걸 알기에 결단하고 실행하는 것입니다.

Q 요즘 '일과 삶의 균형'이라는 뜻의 워라벨(Work-life balance)이란 말이 유행입니다. 워라벨이 가능하려면, 일한 만큼 보상받고, 인정받아야 하지 않을까요?

제가 아는 어느 CEO는 30대에 다른 사람들이 퇴근할 때 같이 퇴근했다가 비상구로 다시 들어와 밤새워 일하고, 남들이 출근하기 한 시간 전에 나가서 샤워하고 출근했다고 합니다. 출퇴근 기록 카드를 찍던 시절의 일인데, 그때는 다른 사람보다 일을 더 열심히 하면 질투하곤 했습니다. 그렇게 열심히 일해서 결국 CEO가 되었습니다.

남들이 하루에 8시간 일한다고, 나도 8시간 일해야 합니까? 워라벨이든 뭐든 세상의 흐름을 주시할 필요가 있고, 나쁘게 생각하는 것은 아니지만, 배울 만하다고는 생각하지 않습니다.

예수님은 "누구든지 너로 억지로 오 리를 가게 하거든 그 사람과 십 리를 동행"(마 5:41)하라고 말씀하셨습니다. 이것이 그리스도인의 가치관이고 삶의 방식입니다. 하루 8시간 일하라고 하면, 자발적으로 16시간 일할 수도 있어야 합니다. 그렇게 일할 때 하나님이 보상해 주실 것을 믿고 일하는 것입니다.

미국의 문화 인류학자 루스 베네딕트(Ruth Benedict)가 제2차 세계 대전 중인 1944년에 미국 정부의 요청으로 일본과 일본인에 관한 인류학적 분석을 위해 저술하여 종전 후 1년 만인 1946년 발간한 〈국화와 칼〉이라는 책이 있습니다. 책에 이런 내용이 있습니다.

베네딕트가 일본의 젊은 직장인들에게 왜 그렇게 열심히 일하느냐고 물었더니, 젊은이가 월급이 적어서 일한다고 답했습니다. 베네딕트가 의아해하며 "아니, 월급이 적은데 왜 더 열심히 일합니까?" 하고 물었다가 뜻밖의 대답을 듣습니다. "월급이 적으니, 보상받을 길은 일을 더 배우는 것밖에는 없지 않습니까?" 바로 이것이 전후 일본을 부유한 나라로 만든 비결이었던 셈입니다. 물론 지금은 달라졌지만 어느 나라 어느 시대에나 근면한 소수는 항상 그 시대를 이끌었습니다.

우리나라를 헬조선이라 부르는 젊은이가 많은데, 동남아에서 젊은 인력이 몰려오는 것은 뭐라 설명하겠습니까? 그들은 여기가 지옥이라서 오는 것이 아니라, 자신들의 꿈을 이룰 수 있는 기회의 땅이기에 수단과 방법을 가리지 않고 옵니다. 세상 사람들의 말은 그냥 말일 뿐입니다. 다수의 말이라고 해서 그게 항상 옳은 것도 아닙니다. 여론은 '어리석은 사람들의 합의'라는 말에도 귀를 기울일 필요가 있습니다.

분명, 하나님의 지혜를 지닌 사람들은 지혜롭게 살 것입니다. 지혜로운 삶이란 편안한 삶을 의미하지 않습니다. 남들 사는 대로 사는 것이 아니라 더 수고하고 더 섬기며 사는 것입니다. 어느 때나 어디서나 시대를 거스르는 게 그리스도인의 삶입니다. 성경은 게으름을 악하다고 말합니다. 일에서 기쁨을 찾아보길 바랍니다. 소명이기에 일하기를 바랍니다. 하나님은 내가 무슨 일을 하느냐보다도 내가 그 일을 어떤 태도로 하느냐에 더 큰 관심이 있습니다.

17세기에 《하나님의 임재 연습》을 쓴 로렌스 형제는 수도원 주방에서 궂은일을 도맡아했지만, 이렇게 말하곤 했습니다.

"저는 프라이팬에서 계란 프라이를 뒤집는 것도 하나님을 사랑하기 위해서 합니다. 그리고 일을 끝마친 뒤에 다른 할 일이 없으면, 부엌 바닥에 꿇어 엎드려 그 일을 잘할 수 있게 은혜를 베풀어 주신 하나님을 경배합니다. 하나님을 사랑하기 위해 할 수 있는 일이 그저 땅에서 한 가닥 지푸라기를 줍는 것 말고는 아무것도 없다 해도 저는 그것으로 충분합니다!"

일을 통해 내가 드러나는 게 아니라 하나님이 드러나게 하는 것이 그리스도인이 일하는 목적입니다.

어느 날, 외출에서 돌아온 아내가 "여보, 음식물 쓰레기를 분리 배출할 때는 국물 없이 깨끗하게 버려야 하겠습니다"라고 말했습니다. 알고 보니, 집으로 오는 길에 음식물 쓰레기 봉투가 터지는 바람에 김칫국물을 뒤집어쓴 채로 청소하는 환경미화원을 봤기 때문이었습니다.

믿는 자의 삶이란 거창한 게 아닙니다. '음식물 쓰레기를 잘 말려서 버려야겠다'라거나 '불법 주차를 하지 말아야지'라거나 '세금을 정직하게 신고하고 내야겠다'고 다짐하고, 남몰래 소외된 사람의 벗이 되어 주는 것이 믿는 자의 삶입니다. 하나님이 함께하시는 사람은 일상에서 모범을 보이고, 남을 먼저 배려합니다. 세상과는 다른 방식의 삶을 조용히 살아갑니다.

Q 하나님은 왜 십일조를 하라고 하셨나요? 그리고 십일조를 꼭 교회에만 내야 하는지요? 십일조에 관해 듣고 싶습니다.

저는 십의 일조(1/10)가 아닌 십의 삼조(3/10)를 드려보시길 권합니다. 그러면 갈등이 없어질 것이기 때문입니다. 내 것이라는 생각 때문에 갈등하는 것 아닙니까? 차라리 한계선을 훌쩍 넘어가 버리면, 내 것이 아니라는 사실을 확실하게 깨달을 것입니다. 제일 늦게 회심하는 것이 바로 지갑이라는 우스갯소리가 있습니다. 바꿔 말하면, 지갑을 활짝 열어야만 비로소 회심했다고 할 수 있는 것입니다.

지갑을 교회에서만 열 필요는 없습니다. 도움이 필요한 이웃에게 베푸는 것도 중요합니다. 십일조를 꼬박꼬박 내는 사람이 옆집 사람이 죽어 가도 모른 체한다면 이

상한 일 아닙니까? 이웃을 생각하는 마음, 누군가를 환대하는 마음은 십일조만큼이나 중요합니다.

돈, 권력, 섹스만큼 유혹적인 것도 없습니다. 본능을 자극하기 때문입니다. 그러나 더 큰 것을 손에 넣으면, 다른 것은 다 내려놓게 되어 있습니다. 주님을 진심으로 사랑하면, 십일조를 해야 하나 말아야 하나, 혼전 순결을 지켜야 하나 말아야 하나 하는 문제들은 내려놓게 됩니다.

예수님은 "네 마음을 다하고 목숨을 다하고 뜻을 다하여 주 너의 하나님을 사랑하라 하셨으니 이것이 크고 첫째 되는 계명이요 둘째도 그와 같으니 네 이웃을 네 자신같이 사랑하라"(마 22:37~39)고 가르치셨고, 바울은 "사랑은 이웃에게 악을 행하지 아니하나니 그러므로 사랑은 율법의 완성"(롬 13:10)이라고 주장했습니다. 하나님을 사랑하면, 십계명이나 율법을 지키기 위한 몸부림에서 놓이게 될 것입니다.

하나님이 우리에게 십일조를 요구하시는 것은 돈에서 놓이도록 훈련하라는 뜻입니다. 손익계산의 패러다임에서 벗어나 사랑으로 옮겨 가야 비로소 돈이 아깝지 않게 됩니다. 사랑하면 아까울 게 없다는 것을 하나님이 아십니다.

아까워하면서 드리는 헌금을 하나님이 기뻐하시겠습니까? 하나님은 돈이 필요 없으신 분입니다. 그러니 십일조 때문에 고민하지 말고, 주님을 어떻게 사랑할 것인가를 먼저 고민하십시오. 하나님을 사랑하게 될 때까지는 지갑을 안 열어도 상관없다고 생각합니다. 하나님을 사랑하면 가진 것을 다 드려도 아깝지 않게 되기 때문입니다.

Q 주님의 말씀대로 빛과 소금처럼 살고자 노력하는 40대 초반의 직장인입니다. 작은 기업체에 다니고 있는데, 맡은 일에 최선을 다할 뿐만 아니라 남들이 안 하는 허드렛일까지 마다치 않고 해 왔습니다. 그러다 결국 온갖 궂은일을 도맡아 하게 되었는데, 제대로 된 보상이나 성과가 주어지지 않으니 힘듭니다. 심지어 내 성실함을 이용하려는 사람도 있습니다.

지난 2년 동안 죽을 만큼 열심히 일해 왔노라고 얘기해 봤지만, 돌아오는 반응은 "쯧쯧, 그러니까 남들처럼 월급 받는 만큼만 일하지 그랬어? 왜 처음부터 모든 일을 성심성의껏 했느냐고…"였습니다. 당장 회사를 그만두고 싶지만, 현실이 발목을 붙잡습니다. 회사가 내 성과를 인정해 주지 않고, 정당한 보상도 해 주지 않으니 다른 사람들처럼 대충 일해야 할까요? 만약에 그러면 그리스도인으로서 세상과 구별된 삶을 포기하는 게 아닐까요?

얼마나 고통스러울지 짐작이 됩니다. 그러나 묻고 싶

습니다. 왜 빛과 소금처럼 살려고 노력했습니까? 도대체 무엇 때문에 그렇게 힘쓰며 살았습니까? 그리스도인은 자기 일의 목적과 동기를 살펴야 합니다.

악한 세상은 일부러 더 악하게 위장합니다. 더 폭력적이고, 더 위협적인 모습으로 사람들을 협박하여 자기 의도대로 이끌려는 심산입니다. 한마디로 세상은 위악적입니다.

그와 반대로, 그리스도인들은 위선적입니다. 왜냐하면 손해를 감수하고서라도 타인을 위해 좋은 일을 하는 선한 사람이라는 이미지를 남기고자 하기 때문입니다. 그러나 이렇게 선함을 통해서 다른 사람들을 자기 의도대로 이끌거나 자기가 원하는 대로 평가받으려고 하는 위선을 예수님은 위악보다 더 나쁘다고 질책하십니다. 예수님은 위선의 달인이 된 종교 지도자들을 가장 미워하셨습니다. 그러니 그리스도인들은 특히 위선을 경계해야 합니다.

다른 사람들을 의식하지 마십시오. 기쁜 만큼 일하십시오. 감당할 수 있을 만큼 감당하십시오. 세상이 알아주기를 바라지 마십시오. 세상은 알아주지 않습니다. 세상은 이런저런 형태로 오해할 뿐입니다. 예수님의 십자가 고통을 세상이 알아주던가요? 저는 이 시대 그리스도인들이 다른 사람들을 자기 의도대로 끌고 가기 위해서 짐짓 착한 척하며 살거나 착한 이미지만을 얻기 위해 노력해서는 절대 안 된다고 생각합니다. 예수님이 원하시는 삶은 그런 게 아닙니다. 그것은 빛과 소금의 삶이 아닙니다.

자기 힘으로 빛과 소금이 되기 위해 애쓰지 마십시오. 주님이 내 안에 임하셔야 빛이 되고, 성령이 내 안에 거하셔야 소금이 될 수 있습니다. 자신에게 다함이 없는 에너지가 있는지 없는지를 확인하십시오. 자기 힘으로 혼자 애쓰면, 금세 바닥날 것입니다. 선한 일을 하려는 동기를 스스로 점검해 보십시오. 선한 사람으로 알려지기 위해 일하지 말고 기쁨이 넘쳐서 일하시게 되기를 바랍니다.

━━

Q 자신이 충분히 할 수 있는 일인데 하지 않는 것과 잘하고 싶지만 할 수 없는 것은 다르다고 생각합니다. 평소에 불평하지 않고 묵묵하게 일해서 그런지 업무량이 감당하기 힘들 정도로 점점 더 많아지고 있습니다. 버거워서 죽을 지경이 되었는데도 다른 사람들은 별로 신경 쓰지 않는 것 같습니다. 그런데 저는 좋은 그리스도인이 되어야 한다는 마음 때문에 다른 사람들이 저를 어떻게 평가하는지에 신경을 많이 씁니다. 힘든 티를 내지 않고 계속 일할 수 있을지 자신도 없습니다.

세상에서 그리스도인으로서 살아가기란 쉽지 않은 일입니다. 세상 사람들의 기준과 관행에서 벗어난 삶을 살아야 하기 때문입니다. 그래서 사람들과 좋은 관계를 맺기가 어렵습니다. 그리스도인답게 정직하게 살다가는 아무리 뼈 빠지게 일해도 안 믿는 사람들보다 잘살기는 힘들 텐데, 스트레스는 훨씬 더 많이 받게 되므로 스스로 이겨 낼 만한 기쁨이 없으면 탈진하기 쉽습니다. 그래서 위선적이라는 것입니다. 자기 안에 솟아나는 기쁨이 있어야만 진실하게 살 수 있습니다. 그리고 그리스도인은 타인의 평가에 지나치게 부담감을 가질 필요가 없습니다.

특히 내 신앙이 다른 사람들 보기에 좋은 신앙인의 모습으로 평가받기를 원하는 것은 지금 내가 길을 잘못 들어섰다는 위기의 사인으로 받아들여야만 합니다.

언제나 믿음은 하나님께 집중하는 삶의 태도입니다. 먹거나 마시거나 앉거나 서거나 가거나 멈추거나 하나님 앞에서의 결정입니다. 그래서 사는 것도 유익하고 죽는 것도 유익한 것입니다. 그 결정이 사람의 시선에 흔들리지 않도록 말씀과 성령을 의지하지 않습니까? 그런데 사람의 시선과 사람의 평판을 의식하기 시작하면 이미 곁길로 빠진 것이지요. 점점 기쁨이 사라지고 메말라갑니다.

직장에서 성공하는 사람들을 보십시오. 아침마다 목줄에 매여 끌려가듯 억지로 출근하는 사람, 윗사람 아랫사람 눈치 보고 일하는 사람 중에 성공하는 사람은 없습니다.

한번은 주일 설교를 준비하느라 머리를 감싼 채 고뇌하고 있는데, 아내가 "당신, 설교 준비하는 거 안 기뻐요? 기쁘지 않으면, 뭐 하러 설교해요? 당신도 하기 힘들어하는 설교를 누가 듣겠어요?" 하고 무심히 몇 마디를 툭 던지고 지나갔습니다. '아니, 이 사람이!' 하고 눈을 흘기려다가 이건 하나님의 음성이구나 싶었습니다. 아닌 게 아니라, 내 힘을 쥐어짜려던 참이었으니 말입니다.

사실, 설교 준비를 하다가 눈물이 핑 돌 때가 있습니다. 내가 먼저 메시지를 듣고, 기뻐하며 감동합니다. 어떤 때는 눈물을 왈칵 쏟기도 합니다. 그럴 때는 하나님이 주신 메시지를 성도들에게 얼른 전해 주고 싶어서 흥분됩니다. 견딜 수 없는 마음에 방안을 뱅글뱅글 돌면서 얼른 새벽이 오기를 기다립니다. 이것이 바로 솟아나는 기쁨입니다.

사람을 의식하지 말고, 하나님을 바라보십시오. 하나님과 동행하면, 무슨 일을 하든지 주님의 기쁨이 충만할 것입니다. 마르지 않는 샘이 터질 것입니다.

선을 행하다
낙심 말라

그리스도인으로 살아가기 참 어려운 시대입니다. 이제는 종교를 갖지 않고 살아가는 것 자체가 흔한 일이 되었기 때문입니다. 2018년에 영국 일간지 〈가디언〉(The Guardian)이 영국 세인트메리대학 스티븐 불리번트(Stephen Bullivant) 교수의 연구를 인용해 "대다수의 유럽 젊은이들이 무종교인인 것으로 나타났다"고 보도한 적이 있습니다. 2014년부터 2016년까지 유럽 21개국의 16~29세 사이 젊은이를 대상으로 진행한 설문 조사 결과를 분석한 내용에 따르면, 조사 대상 국가 중 12개국에서 50% 이상의 응답자가 자신을 무종교인이라고 답했습니다. 이 조사에서 무종교인 응답 비율이 가장 높았던 나라는 체코(91%)였고, 에스토니아(80%), 스웨덴(75%) 등이 뒤를 이었습니다.

불리번트 교수는 "현재 종교 자체가 빈사 상태이며

유럽에서 사회의 기본이자 표준으로서의 기독교는 이미 사라졌거나 적어도 100년 이내에 종적을 감추게 될 것"이라고 결론 내렸습니다.

대한민국의 사정도 그와 별로 다르지 않습니다. 2015년 통계청의 〈한국종교인구〉 자료를 보면, 전 국민의 56.1%가 종교가 없다고 답했습니다. 이 수치는 10년 전보다 9% 높아진 것입니다. 2017년에 한국기독교목회자협의회가 조사한 바에 따르면, 우리나라의 종교 인구는 전체의 46.6%로 5년 전인 2012년 55.1%와 비교해도 8.5% 낮아졌습니다. 다만 이 조사는 만 19세 이상의 성인 남녀 5천 명을 대상으로 한 조사이므로, 청소년이나 유·아동까지 범위를 넓혔다면 아마도 그 수치가 훨씬 올라갔을 것입니다.

이처럼 기독교를 포함하여 전체 종교 인구가 전 세계적으로 급격히 줄어들고 있습니다. 이런 상황을 보면, 이 시대에 신앙인으로 산다는 것에 낙심할 수 있습니다.

하지만 저는 이 상황이 비관적으로만 보이지는 않습니다. 그만큼 더 신중하게 믿지 않겠습니까? 겉멋 들린 믿음과 진실한 믿음이 점점 더 자연스럽게 분별되지 않겠습니까? 로마 제국이 기독교를 국교로 삼자 모든 신민이 기독교인이 되었습니다. 그런 상황에서 그들이 제대로 된 신앙을 가졌을까요? 그럴 리가 없지요. 미국은 어떻습니까? 유럽에서 박해받던 청교도들이 하나님을 잘 믿어 보겠다고 오직 신앙 하나로 세운 나라가 미국인데, 지금은 어떻습니까? 공식 석상에서 "God bless you!" "Merry Christmas!"라고 인사할 수조차 없는 나라로 변했습니다. 불신의 물결은 앞으로 더욱 거세질 것입니다.

그래서 저는 기독교인의 수가 줄어든다고 해도 그렇게 낙심하지는 않습니다. 원래 믿음은 한 사람으로부터 시작되지 않았습니까? 또한 부흥은 참믿음으로부터 시작되는 것 아니겠습니까?

종교인의 감소 추세는 점점 더 빨라질 것입니다. 언젠가 기독교인은 소수자가 될 수도 있습니다. 그러나 낙심할 필요 없습니다. 낙심해서도 안 됩니다. 왜 그런지, 그 이유를 살펴봅시다.

낙심하지 말고
끝까지 달려들어 보라

사도 바울은 그리스도인을 박해하는 데 앞장섰던 인물입니다. 그들을 감옥에 넣기 위해 어디든 달려갔던 사람입니다. 바울은 그리스도인을 좌절시키고 낙심하게 했습니다. 그러나 그리스도인을 가장 박해하던 그가 예수님을 만나서 극적인 반전의 삶을 살게 되었습니다. 그리스도를 가장 널리 전하는 전도자가 된 것입니다.

그러니 바울이 얼마나 힘들었겠습니까? 한편에서는 배신자가 되었고, 또 다른 편에서는 여전히 의심의 눈초리를 받아야 하는 상황에 놓였습니다. 그는 어느 쪽에든 눈엣가시와 같은 존재가 되고 말았습니다. 바울이 재판을 받게 되었을 때 유대인들 중에는 바울을 죽이기 전까지 먹지도 않고 마시지도 않기로 맹세한 자가 40명이 넘을 정도였습니다(행 23:21).

그런데 신기하게도, 낙심할 이유가 차고 넘치는 상황에서 바울은 오히려 다른 사람들에게 이렇게 권면합니다.

우리가 선을 행하되 낙심하지 말지니 포기하지 아니하면
때가 이르매 거두리라 _갈 6:9

"선을 행하되…"에서 '선'은 선하신 하나님을 아는
것, 선한 분이 우리 안에 계신 것으로부터 출발합니다. 선
이란 곧 하나님의 임재 가운데서 발견되는 것입니다. 성
경에서 이야기하는 선함이란 궁극적으로 하나님과 온전
한 관계를 맺고 살아가는 삶의 모습을 말합니다. 왜입니
까? 선한 분은 오직 하나님 한 분뿐이시기 때문입니다.
예수님은 인간에게 선이 없을 뿐만 아니라 선한 사람이란
없다는 사실, 오직 하나님 한 분만이 선하다는 사실을 가
르쳐 주셨습니다.

그렇다면 세상에서 일반적으로 쓰이는 선행이라는 말
과 선한 사람이란 지칭을 어떻게 받아들여야 합니까? 선한
사람이 없다고 해서 선행이 아니라고 부인할 필요도 없고
논쟁할 이유도 없습니다. 어려운 이웃을 돕는 것은 분명 선
한 일이고, 우리 주변에 이런 선한 일을 하는 사람은 적지
않습니다. 그러나 성경적인 선의 기준은 그 이상입니다. 절
대적인 기준에서 선을 말하기에 인간의 본성으로 얼룩진
선을 주목하거나 자랑할 일로 여기지 않습니다.

그러므로 우리는 내가 선을 행했다고 말하지 않습니다. 내 안에 계신 분이 스스로를 나타내신 것이고, 우리는 그분의 나타나심을 위한 통로일 뿐입니다. 따라서 그리스도인은 무슨 선을 행하건 낙심하지 않습니다. 무슨 선을 행하건 포기하지 않습니다. 때가 이르면 반드시 내 안에서 선한 일을 시작하신 분께서 마치시고 열매를 거두실 것이기 때문입니다. 이렇듯 우리에게는 낙심의 이유나 자랑의 이유가 전혀 없습니다.

그러나 실제로 우리의 삶은 어떻습니까? 선을 행하는 것이 오히려 낙심 거리가 되는 일이 흔합니다. 선한 의도를 가지고 선한 일을 한다고 해도 인정을 받기는커녕 오해를 사거나 비난받는 일이 적지 않습니다. 직장에서는 승진에서 누락되고 상사나 아랫사람에게조차 외면당하는 일이 있습니다. 어떻게 해야 합니까?

그런데도 바울은 낙심하지 말고, 포기하지 말라고 말합니다. 때가 되면 반드시 열매를 거둘 것이라고 강조합니다. 바울은 자기 안에 계신 주님이 일하시는 것을 목격했습니다. 그는 더 이상 낙심도 포기도 주의 뜻이 아님을 깨달았습니다.

바울의 말을 묵상하다가 문득 한 재벌 회장의 이야

기가 떠올랐습니다. 옛날에는 집에 벼룩이 많았습니다. 벼룩이 물기 시작하면, 잠을 잘 수가 없습니다. 회장이 침대에서 자다가 벼룩 때문에 잠을 설쳤습니다. 가만히 지켜보니 벼룩이 침대 다리를 타고 올라오더랍니다. 그분이 기발한 아이디어를 떠올렸습니다. 세숫대야에 물을 담아와서 4개의 침대 다리 밑에다 받친 것입니다. 그렇게 하면 벼룩이 침대에 올라오기도 전에 물에 빠져 죽을 것으로 생각한 것입니다. 그리고 안심하고 잠들었습니다.

그런데 한밤중에 다시 잠이 깼습니다. 벼룩이 또 여기저기 물고 다녔던 것입니다. 도대체 어떻게 된 일인지 살펴보니, 벼룩이 벽을 타고 천장으로 올라가서 천장에서 침대로 낙하하고 있었습니다. 그날 그분은 큰 충격에 휩싸였을 뿐만 아니라 엄청난 깨달음을 얻었다고 고백합니다.

"이 작은 벼룩도 좌절하지 않고 끝까지 사람에게 달려드는데, 내가 낙심할 일이 뭐가 있겠는가!"

벼룩 같은 미물도 낙심하지 않는데, 인간이 낙심해서야 되겠습니까?

우리는 성경을 통해 사도 바울이 얼마나 많은 고난을 겪었는지 알 수 있습니다. 그는 수없이 많은 고난과 박해를 당하면서도 결코 낙심하지 않았고 끝까지 맞서서 이겨 냈습니다.

험악한 상황에도
낙심하지 않을 수 있는 비결

우리가 낙심하는 이유를 찬찬히 살펴보면, 눈에 보이리라고 기대했던 것이 보이지 않기 때문일 경우가 많습니다.

기록된 바 하나님이 자기를 사랑하는 자들을 위하여 예비하신 모든 것은 눈으로 보지 못하고 귀로 듣지 못하고 사람의 마음으로 생각하지도 못하였다 함과 같으니라 _고전 2:9

이 말씀은 원래 이사야 선지자의 외침입니다. 바울은 하나님이 우리를 위해 준비하신 것들은 우리가 귀로 듣거나 눈으로 보거나 생각할 수조차 없는 것들이라고 말합니다. 사실, 우리가 신앙 안에서 추구하는 것들은 눈에 보이는 것들이 아닙니다. 그런데도 우리는 당장 눈앞에 어떤 열매가 보이지 않는다고 해서 실망하거나 낙심할 때가 많습니다. 바울은 그럴 필요가 없다고 말합니다.

무엇을 추구하든지 그것이 너무나 소중하고 절실하면, 어떤 대가를 치르고서라도 얻으려고 할 것입니다. 명예를 중요하게 생각하는 사람은 돈을 잃는 건 크게 걱정하지 않습니다. 권력을 크게 생각하는 사람도 돈을 그보다 더 중요하게 생각하지 않습니다. 자신에게 가장 중요한 것이 무엇인지 확실히 아는 사람은 덜 중요한 것들을 버리는 게 어렵지 않은 법입니다. 그런 것들이야 있건 없건 낙심하지 않는다는 뜻입니다.

사도 바울이 낙심하지 않을 수 있었던 비결은 첫째, 믿음을 통해서 얻고자 하는 것이 무엇인지를 확실히 알았기 때문입니다. 바울은 "위의 것을 생각하고 땅의 것을 생각하지 말라"(골 3:2)고 말합니다.

신앙의 삶은 위의 것을 생각하는 삶입니다. 땅의 것을 생각하는 삶이 아니기에 땅의 것 때문에 낙심하지 않습니다. 위의 것은 진리요 영원합니다. 땅의 것은 비본질적인 것입니다. 비본질적이라는 말은 있거나 없거나 별 상관이 없다는 뜻입니다. 그러니 낙심할 이유가 없습니다.

그리스도인의 장례식에 가면 모두 모여서 찬양하는 모습이 보입니다. 기독교 문화를 모르는 사람은 어리둥절 해합니다. 실제로 "도대체 당신들 뭐야? 사람이 죽었는데, 어떻게 노래를 불러?" 하고 화내는 사람을 본 적도 있습니다. 게다가 그리스도인은 발인식을 '천국 환송식'이라고 부르지 않습니까? 헤어짐은 슬프지만, 천국으로 떠나는 것을 기뻐하며 환송하는 것입니다.

달동네 판잣집에 살다가 널찍한 새 아파트로 이사 가는 사람이 판잣집을 떠나는 것이 슬퍼서 발이 떨어지지 않아 통곡하겠습니까? 그런 일은 없습니다. 기쁜 마음에 뒤도 돌아보지 않고 이사 갈 것입니다.

우리 삶이 해석되고, 가야 할 곳이 명확하다면 떠나는 것이 어렵지 않습니다. 낙심되지 않는다는 말입니다. 위의 것을 생각하고 사는 사람은 땅의 것을 부러워하거나 아쉬워하지 않습니다.

사도 바울이 낙심하지 않을 수 있었던 두 번째 비결은 더 중요한 것이 무엇인지를 알았기 때문입니다. 그래서 덜 중요한 것에 매여 낙심하지 않았습니다.

마지막으로, 사도 바울이 낙심하지 않을 수 있었던 세 번째 비결은 예수님을 바라보았기 때문입니다. 히브리서 기자가 바울의 심정을 잘 대변합니다.

> 믿음의 주요 또 온전하게 하시는 이인 예수를 바라보자 그
> 는 그 앞에 있는 기쁨을 위하여 십자가를 참으사 부끄러움
> 을 개의치 아니하시더니 하나님 보좌 우편에 앉으셨느니
> 라 _히 12:2

예수님이 이 땅에서 어떻게 사셨고, 어떻게 죽으셨
으며, 또 어떻게 부활하여 어디로 가셨는지를 생각해 보
십시오. 그것을 생각하면 낙심할 일이 없습니다. 예수님
이 하늘 보좌로 돌아가시기까지 이 땅에서 어떤 삶을 사
셨는지를 내 삶의 기준으로 삼아 보십시오. 그러면 이 땅
의 일로 낙심할 일이 없을 것입니다. 갈수록 시대는 낙심
할 수밖에 없는 상황으로 흘러갈 것입니다. 그리스도인은
성경 말씀을 읽고 들음에 더욱 힘쓰며 낙심되는 상황에
대비할 준비를 미리 해야 합니다.

성경은 낙심할 수밖에 없는 상황에서도 낙심하지 않을 이유를 설명하기 위해서 우리에게 족보를 들려주곤 합니다. 가인의 족보를 보십시오. 가인은 동생 아벨을 죽인 살인자입니다. 그는 에덴의 동쪽으로 가서 첫 번째 성을 쌓습니다. 이 땅에 도시를 처음 건설한 사람은 가인입니다. 도시의 이름을 자기가 낳은 아들의 이름을 따서 '에녹'이라고 짓습니다.

또 노아 후손의 족보를 한번 보십시오. 하나님을 떠난 사람들의 자손이 얼마나 빨리 불어나고, 그들이 세상을 얼마나 풍성하게 만들어 가는지를 기록하고 있습니다. 노아의 아들 중에서 함은 아버지 노아의 수치를 가려 주기는커녕 조롱거리로 삼아서 노아의 저주를 받았습니다. 그런데 함의 족보를 따라서 태어난 니므롯이 바벨탑을 건설합니다. 높이 90m에다 사방이 90m에 달하는 바벨탑에는 벽돌이 8,500만 장이나 들었다고 합니다. 고대에 그런 엄청난 규모의 구조물을 지은 것입니다.

가인의 후예와 함의 후손은 도시를 건설할 만큼 뛰

어난 기술력과 권력이 있었습니다. 그들은 조직과 제도와 체계를 갖추고 번성했습니다. 그런데 하나님의 족보를 써내려간 사람들은 다듬지 않은 돌 몇 개로 제단을 쌓는 것이 전부였습니다. 높은 탑을 쌓지도 않았고, 위압적인 성을 만들지도 않았습니다.

큰 건물이나 큰 도시는 일종의 컨테이너입니다. 그 안을 채우는 기술을 콘텐츠라고 합니다. 컨테이너와 콘텐츠는 문명과 문화를 가리킵니다. 즉 문명과 문화는 하나님을 떠난 사람들이 지금까지 꾸준히 만들어 온 것입니다. 사실, 하나님의 이름을 부르는 사람들은 줄곧 문명과 문화의 역사에서 벗어나 있었습니다. 늘 소수의 무리여서 다수로부터 억압당하거나 박해를 받아 왔습니다. 다시 말해서, 예배드리는 사람들, 하나님의 족보로 편입되어 하나님의 자녀로 살아가는 사람들은 언제나 주류가 아닌 비주류였던 것입니다.

그런데도 낙심하지 않을 수 있었던 까닭은 무엇입니까? 이 땅의 융성한 문화나 물질의 부요함 같은 땅의 것들을 생각하지 않고, 위의 것을 생각하며 살아왔기 때문입니다.

박해받고, 핍박당하고, 심지어 목이 잘리거나 톱에

켜지기까지 하면서도 믿음의 삶을 이어 올 수 있었던 것은 이 땅의 것을 전부로 생각하지 않았기 때문입니다. 이 땅의 것을 행복의 기준이나 가치의 기준으로 삼지 않았기 때문에 그리스도인은 세상 사람들과 전혀 다른 삶을 살아갈 수 있었던 것입니다.

굿뉴스(good news)라고는 없는 세상에서 "하나님은 우리 아버지이시며 천국에는 우리가 거할 곳이 있다"는 황당한 소리를 굿뉴스(gospel, 복음)로 믿고 살아가는 그리스도인들을 세상이 얼마나 무시하며 조롱하겠습니까? 그래도 우리는 낙심하지 않습니다. 낙심할 필요가 없습니다.

하나님을 향한 믿음과 천국에의 소망이 워낙 확고하기에, 그리고 하늘의 영광을 눈으로 본 듯이 살아가기에 이 땅의 것들 때문에 낙심하지 않는 것입니다. 세상 사람들이야 어떻게 살건 부럽지 않습니다. 세상이 아무리 크고 화려해 보여도 그게 두렵지 않고 부럽지 않습니다. 우리는 그런 두려움과 부러움 없는 삶을 살기 위해서 이 길을 가는 것입니다.

그리스도인은 세상이 만들어 놓은 거대한 컨테이너를 우리도 만들자거나, 세상을 가득 채운 콘텐츠 대신에 우리 것을 만들어 보자는 목표를 세우지 않습니다. 그런 것들은 살아가는 데 필요한 만큼만 쥐어도 되고, 세상 사람들과 교류할 수 있을 정도만 가져도 됩니다.

그럼에도 불구하고 우리가 그들의 컨테이너와 콘텐츠에 뛰어든 것은 세상 사람들을 믿음의 길로 인도하기 위해서입니다. 세상 사람들에게는 컨테이너와 콘텐츠가 목적이지만 믿음의 사람들에게는 단지 수단일 따름입니다. 그들에게 손을 내밀기 위한 접촉점에 불과합니다. 우리는 목적이 다릅니다. 우리는 육신의 생명을 전부로 아는 사람들에게 영원한 생명이 있다는 것을 전하기 위해서 이 땅에 잠시 머무는 것뿐입니다.

천국에는 우리를 위한 더 좋은 것들이 예비되어 있습니다. 그리스도인은 그것을 얻기 위한 여정 중에 만나는 고난과 고통을 기꺼이 받아들이거나, 세상 것들에 담대히 맞서기도 합니다.

사도 바울은 결박당한 채 아그립바 왕과 베스도 총독 앞에서 심문받을 때조차 담대하게 진술합니다. "내 말을 듣는 모든 사람도 다 이렇게 결박된 것 외에는 나와 같이 되기를 하나님께 원하나이다"(행 26:29). 우리도 이렇게 고백할 수 있어야 합니다.

절대다수의 사람이 하나님은 없다고 말할지라도, 한

걸음 나아가 하나님 믿는 사람을 조롱할지라도 "나는 여러분도 나처럼 살기 원합니다. 여러분도 하나님을 알게 되기를 원합니다"라고 말할 수 있기를 바랍니다. 그리스도께서 보여 주신 자기 부인의 길을 우리도 따라가며 진리의 삶을 살기 바랍니다.

교회를 왔다 갔다 하는 것으로는 삶이 달라지지 않습니다. 복음서를 읽어야 하고, 서신서를 읽어야 하고, 선지서를 다 읽어야 합니다. 성경에서 보석과 같은 진리의 말씀을 캐내어 그 말씀을 날마다 먹어야만 변화의 능력을 얻을 수 있습니다. 날마다 음식을 먹어야 우리 몸이 변하듯 날마다 말씀을 먹어야 우리 심령이 변합니다. 이것이야말로 우리 인생의 유일한 능력입니다.

우리가 선을 행하다가 낙심하지 않는 까닭은 하나님이 우리와 동행하시기 때문입니다. 어떤 상황에서도 낙심하거나 좌절하지 마십시오. 포기하지 마십시오. 우리와 동행하시는 하나님은 세상보다 훨씬 크신 분입니다. 하나님과의 아름다운 동행이 세상 어떤 것보다도 진정한 힘과 능력과 기쁨이 되기를 기도합니다.

Q 성경은 "선을 행하되 낙심하지"(갈 6:9) 말라고 하는
데, 선이 무엇입니까? 세상이 말하는 착한 일을 의미합
니까?

부자 청년이 예수님을 찾아와 "선생님이여 내가 무슨
선한 일을 하여야 영생을 얻으리이까" 하고 묻자 예수님
이 "어찌하여 선한 일을 내게 묻느냐 선한 이는 오직 한
분이시니라"라고 말씀하셨습니다(마 19:16~17). 하나님만
이 선하시다는 말씀은 인간의 일은 선하지 않다는 뜻이
기도 합니다.

그렇다면 "선한 일"이란 무엇입니까? 그리스도인이 아
니라도 불우한 사람을 돕는 것과 같은 선한 일을 하는 사
람은 많습니다. 그러나 성경이 말하는 선한 일이란 선하
신 하나님을 아는 것, 선하신 분이 우리 안에 계신 것입니
다. 곧 하나님의 임재 가운데로 들어가는 것입니다. 하나
님을 아는 것이 선입니다. 그러므로 선한 삶이란 궁극적
으로 하나님과 변함없는 관계를 맺고 살아가는 삶을 말
합니다.

인생에는 낙심되는 일이 따르기 마련입니다. 어떤 경
우에 선을 행하다가 낙심하게 됩니까? 선한 행위의 주체
가 나일 때, 내가 기대했던 결과가 눈에 보이지 않을 때
낙심합니다. 그러나 선하신 하나님을 알고 끝까지 믿음
을 저버리지 않고 선을 행하면, 결국 생각하지도 않은 열

매를 거두게 될 것입니다.

바울이 "선을 행하되 낙심하지" 말라고 했는데, 하나님과 더불어 살아가는 삶은 낙심에 머무를 수 없는 삶을 말합니다. 하나님과 함께 사는 삶이란 내가 나를 위해 더 이상 바랄 게 없는 삶이기 때문입니다.

하나님의 일을 하다가 지쳤다거나 탈진했다고 말하는 사람은 자기 자신을 성찰할 필요가 있습니다. 하나님의 일이 아닌 자기 일을 하다가 지쳤을 확률이 높기 때문입니다. 하나님보다 자기 자신을 더 의식하며 일하다가 낙심됐을 뿐입니다. 사람들의 평가에 일희일비해서 그렇습니다.

저는 거의 매주 설교를 마치고 단에서 내려오면서 아쉽다는 생각을 하긴 하지만 낙심하지는 않습니다. 사람들에게 좋은 설교가로 인정받는 게 목표라면 매번 낙심할 것입니다. 그러나 저는 실수를 하더라도 가식 없이 솔직하게 설교할 뿐입니다. 우리를 꿰뚫어 보시는 하나님이 계시는데, 사람들 앞에서 자신을 꾸미거나 부풀려 봤자 무슨 소용 있겠습니까?

Q 함께 일하는 동료를 신뢰하려고 마음먹다가도 말과
행동이 다른 모습을 보면, 믿음이 한순간에 사라집니다.
그를 어떻게 대하면 좋을까요?

사람을 믿으면, 십중팔구 발등 찍힙니다. 배신은 믿었던 사람이 하는 것입니다. '이 사람은 괜찮을 거야'라는 판단은 내 생각일 뿐, 믿음이 아닙니다.

믿음은 하나님의 선물이지 인간의 선물이 아닙니다. 그러니까 인간을 믿어서는 안 됩니다. 인간은 믿음의 대상이 아니라 사랑의 대상입니다. 그냥 불쌍히 여기고, 사랑하면 됩니다. 그런데 그 사람을 사랑하면 할수록 믿을 만한 사람이 되어 갑니다.

사람을 믿는다는 것은 타인을 믿는 게 아니라 내가 믿을 만한 사람으로서 행동하는 것입니다. 즉 내가 먼저 배신하지 않는 것입니다. 이것이 사람을 믿는 태도입니다. 내가 말을 자꾸 바꾸면서, 상대방에게 믿을 만한 사람이 되라고 요구하는 건 말이 안 되지 않습니까?

대개 사람들은 자신에게 관대하고 남에게는 엄격한데, 이것을 반대로 바꾸어야 합니다. 혹시 내가 저 사람에게 실수한 것은 없는지, 말을 바꾼 적은 없는지부터 먼저 점검해 봐야 합니다.

나를 어렵게 하는 사람은 반드시 나를 향한 하나님의 뜻을 전하기 위해 보내신 자라는 생각을 해야 합니다. 하

나님이 내게 보내는 메신저는 천사일 수도 있고 천적일
수도 있습니다.

—

Q 가끔 우리 교회에 노숙인들이 찾아옵니다. 처음에는
돈을 주어서 보내곤 했는데, 그것은 올바른 방법이 아니
라는 말이 있어서 그다음부터는 음식을 드리기 시작했습
니다. 그랬더니 노숙인들이 자기를 무시한다면서 욕하고
나가곤 합니다. 그런 분들을 어떻게 섬겨야 할지 모르겠
습니다.

============

남을 돕는 일에는 지혜가 필요합니다. 어떤 사람이 파
산하게 되었으니 도와달라고 찾아온 친구의 청을 매몰차
게 거절했습니다. 결국, 친구가 파산하고 말았는데, 그 뒤
에야 그의 생활비를 보태며 물심양면으로 도와주었다고
합니다. 지혜로운 선택입니다. 친구의 파산을 막기 위해
서 무턱대고 끝까지 쏟아부었다면, 이 사람도 결국 파산
하고 친구도 파산했을 것입니다. 이런 일이 우리 주변에
서 자주 일어납니다.

다른 사람을 도울 때는 인간적인 동정심보다는 말씀과
기도에 의지해서 해야 합니다. 사실 남을 도왔다고 하지
만 실은 내 마음 편하려고 돕는 것일 수도 있습니다.

미국의 어느 목사가 노숙인에게 음식을 주기 전에 따

뜻하게 안아 주었더니 이 노숙인이 음식도 안 먹고 울다가 돌아갔다고 합니다. 배가 고파서 찾아왔을 텐데 말입니다. 어쩌면 그 순간에 자기 영혼의 허기가 채워졌고 배고픔을 잊었기 때문인지도 모릅니다.

어떤 집사님이 노숙인에게 돈을 줘서 보내고 난 뒤에 하나님 앞에 앉아 기도하다가 대성통곡을 했답니다. "하나님, 지금 제가 무슨 짓을 한 겁니까? 그 사람을 쫓아내기 위해 돈을 주었네요, 제가…" 자기 내면의 진실을 깨닫는 순간, 회개의 눈물이 터져 나왔던 것입니다. 눈물로 회개하고 난 뒤부터는 노숙인이 찾아오면 다정하게 안아 주기 시작했다고 합니다. 그는 노숙인의 체취가 향기롭게 느껴져서 스스로 놀랐다고 간증했습니다.

남을 돕는 일에 관해서 다른 사람을 함부로 판단해서는 안 됩니다. 나는 돕는데, 왜 당신은 돕지 않느냐고 화를 내서는 안 된다는 말입니다. 각자 보이는 게 다르기 때문입니다. 어떤 사람은 가까이에 있는 사람들이 눈에 들어오고, 또 어떤 사람은 에티오피아 사람들이 눈에 밟힙니다. 하나님이 각자에게 부어 주시는 마음이 서로 다르게 마련입니다.

하나님은 소아시아 북쪽에 가 전도하고 싶었던 바울에게 환상을 통해 마게도냐로 가서 도우라고 하셨습니다. 하나님이 내게 주시는 마음을 따라 움직이면 됩니다. 저 사람은 왜 안 하느냐고 묻지 마십시오.

기도할 때마다 생각나는 사람, 생각날 때마다 마음에 걸리는 사람이 있다면 하나님이 내게 맡기신 사람인 줄로 믿으십시오. 그를 위해 간절히 기도하다 보면, 하나님이 그를 도울 지혜를 주시고, 그의 마음을 열어젖힐 사건을 반드시 만들어 주십니다.

그러니 어렵더라도 남을 배려하는 삶을 사십시오. 세상 사람들은 자신을 먼저 생각하지만, 그리스도인은 "여호와는 나의 목자시니 내게 부족함이 없으리로다"(시 23:1)라고 고백하는 사람들입니다. 그만큼 다른 사람들을 먼저 배려할 수 있어야 합니다.

Q 종종 부흥 강사 목사님들이 천국에 관해 설교할 때, 교회에서 많이 봉사하고 헌금하면 그만큼 하늘에 상급이 쌓여서 천국에 좋은 집을 마련할 수 있다고 말씀하곤 합니다. 지금 사는 세상에서도 집 때문에 고민이 많은데, 천국에서까지 집 걱정을 해야 하는 건지 힘이 빠집니다. 천국에도 월세, 전세, 자가 부동산이 있다면 낙심할 것 같습니다. 조언 부탁드립니다.

하나님의 일에 대해 오해가 없기를 바랍니다. 교회라는 공간 안에서 일어나는 일만 하나님의 일이라고 절대 말하지 마십시오. 하나님 나라는 온 세상을 포괄합니다.

그러니 헌금해야 상급받는다는 말은 따른 이야기가 아닙니다. 교회가 점점 커지는 것은 그만큼 세상과의 벽이 더 높아진다는 뜻 아니겠습니까? 하나님은 교회에 돈이 많이 쌓이고, 교회 건물에 사람이 많이 모이는 것을 꼭 좋아하지 않으십니다. 오히려 세상으로 흩어지길 바라십니다.

이 세상은 사람을 많이 모아 큰 조직과 제도를 만드는 데 힘쓰고, 계속해서 그것들을 키우려고 애씁니다. 자기 이름과 힘을 드러내 과시하고 싶기 때문입니다.

그러나 하나님 나라는 작고 낮은 데 있습니다. 하나님 나라는 무기력한 곳에 있습니다. 그런 곳을 보살피는 것이 하나님의 일입니다. "세상의 미련한 것들을 택하사 지혜 있는 자들을 부끄럽게 하려 하시고 세상의 약한 것들을 택하사 강한 것들을 부끄럽게"(고전 1:27) 하시는 하나님은 강한 자를 들어서 약한 자를 섬기게 하십니다. 성경을 읽으십시오. 하나님이 무슨 일을 하고 계시는지를 그 속에서 발견할 수 있기를 바랍니다.

우리 베이직교회는 〈시선 프로젝트〉를 합니다. 헌금을 조금씩 성도들에게 나눠 주면 성도들 스스로 어디에 쓸지 기도하고 고민하다가 그 돈보다 더 큰 액수로 늘려서 하나님의 시선이 머무르는 곳에 사용하는 프로젝트입니다. 저는 한국 교회가 성도들이 헌금을 이렇게 지혜롭게 쓰도록 도우면 좋겠다고 생각합니다.

저는 천국에 월세, 전세가 없다는 사실을 압니다. 예수님이 우리 각자를 위한 거처를 이미 마련해 두셨음을 알려 주셨기 때문입니다. 또한 성경은 천국이 공간적 개념이기에 앞서 하나님의 통치와 임재의 개념임을 가르쳐 주고 있습니다.

찬송가 〈내 영혼이 은총 입어〉의 가사를 보십시오. "높은 산이 거친 들이 초막이나 궁궐이나 내 주 예수 모신 곳이 그 어디나 하늘나라…"라고 하지 않습니까? 예수님과 함께 있는 그곳이 바로 천국입니다. 교회나 목사에게 잘해야 천국에서 큰 집을 얻는다는 말은 이단적입니다. 확실히 분별하시기 바랍니다.

미래가 정말
두려운가

Why are you disappointed?

우리는 자기 믿음이 과연 하나님만 바라보고 나아가는 믿음인지 아니면 단지 종교의 이름이 덧씌워진 적극적인 사고방식이나 긍정적인 생각의 힘이나 흔들리지 않는 확고한 신념과 같은 것인지를 분별해야 합니다. 신앙의 힘으로 우리 사고를 바꾸거나 생각의 틀을 새롭게 할 수 있습니다. 그러나 신앙은 내가 원하는 것을 쉽게 얻기 위해 고안해 낸 어떤 장치가 아닙니다. 내 믿음이 하나님 안에 있는지(Faith in God) 아니면 하나의 신념 체계(belief system) 안에 둥지를 틀고 있는지를 스스로 돌아봐야 합니다. 이것은 신앙인의 가장 큰 책무 중 하나입니다.

교회에 다니는 것만으로 자신이 지금 믿음의 길을 가고 있다고 착각해서는 안 됩니다. 내 생각과 삶의 태도가 믿음에 기초한 것인지 아니면 자신감(self-confidence)에

근거한 것인지를 반드시 분별해야 합니다.

그것을 분별할 수 있는 중요한 기준 중 하나가 바로 낙심의 문제입니다. 믿음이 있건, 신념 체계가 있건 누구나 두려움을 느낄 수 있습니다. 그러나 두려움 때문에 주저앉거나 포기하거나 자기 연민에 빠지는 사람이 있다면, 그는 믿음 위에 서 있지 않다고 말할 수 있습니다. 그는 이 사실로 하나님을 믿는 믿음이 아닌 하나의 신념 체계나 모호한 자신감에 근거하고 있다는 증거를 드러낸 셈입니다. 그런데 어떤 상황에서도 결코 좌절하지 않고 낙심하지 않는 사람이 있다면, 그는 분명히 자기 생각이나 경험이 아닌 믿음에 기초하고 있는 것입니다.

힘든 일이 닥치거나 어려운 일을 겪을 때 낙심하지 않으려면, 나 자신이 어떤 바탕 위에 서 있는가를 알아야 합니다. 자신이 믿음 위에 서 있는지를 살펴 스스로 진단해 보시기를 바랍니다.

두려움은

어디서 오는가

사도 바울 같은 믿음의 사람도 두려움을 느꼈습니다. 두려움은 자연스러운 감정입니다. 그러나 두려움이 그를 좌절하게 하거나 낙담하게 해서 선교를 멈추게 하지는 못했습니다.

바울은 고린도 교회를 찾아갔을 때, 굉장한 두려움에 휩싸인 적이 있습니다. 그는 이렇게 고백합니다.

내가 너희 가운데 거할 때에 약하고 두려워하고 심히 떨었노라 내 말과 내 전도함이 설득력 있는 지혜의 말로 하지 아니하고 다만 성령의 나타나심과 능력으로 하여 너희 믿음이 사람의 지혜에 있지 아니하고 다만 하나님의 능력에 있게 하려 하였노라 고전 2:3~5

막상 고린도 교회에서 복음을 전하려고 하니, 약해져서 두려움에 입이 열리지 않을 정도로 떨었던 것입니다. 그는 '내가 왜 이러지?' 하고 자신을 돌아봅니다. 그리고 자기도 모르게 자기 힘과 지혜로 복음을 전하려고 했다는 사실을 깨닫습니다.

이 위기를 어떻게 극복해야 하겠습니까? 그는 자신을 의지하지 않기로 결정합니다. 자신의 설득력과 자기 능력을 의지하지 않기로 결심합니다. 그 대신에 자기 안에 계신 성령님을 드러내기로 결단합니다. 즉 인간적인 능력이 아닌 초월적인 능력에 모든 것을 맡기기로 한 것입니다.

바울은 낙심할 수밖에 없는 상황에 부딪힐 때마다 그렇게 자신을 비우고 성령을 나타냄으로써 낙심을 이겨 냈습니다. 그렇게 함으로써, 두려운 상황에 숱하게 부딪혔어도 낙심하지 않았고, 좌절하지 않았으며, 주저 없이 한 걸음 한 걸음 주님이 인도하시는 대로 나아갈 수 있었습니다.

덕분에 그는 믿음으로 낳은 아들 디모데에게 낙심하지 말라고 자신 있게 말해 줄 수 있었습니다. 디모데는 자신이 존경하는 스승이요 아버지와 같은 멘토인 바울이 감옥에 갇혔다는 소식을 듣고 두려움에 빠졌습니다. '복음을 전하는 삶이란 저런 것인가, 나도 앞으로 저런 어려움을 겪으며 살아야 하나? 나에게도 언제 그런 일이 닥칠지 모른다. 나도 순교하게 될까?' 별의별 생각이 다 들었을 것입니다.

두려움은 어디서 옵니까? 자신이 통제할 수 없는 미래가 닥쳐올 때 생깁니다. 즉 두려움이란 일어나지 않은 미래 때문에 스스로 불러일으키는 불안입니다. 자신이 통제할 수 없는 상황에 들어가게 될 것이라는 두려움이 우리를 좌절하게 하고, 낙심하게 만듭니다. 통제권이 없으면 약자가 되기 때문입니다. 불안감이 커지면 커질수록 자신감이 무너지고, 결국 낙심하여 주저앉게 됩니다.

'내일 리포트를 보고해야 하는데 잘못하면 어떡하지? 야단을 맞으면 어떡하지? 창피를 당하면 어떡하지?' 하는 생각에 지레 겁먹어 잠 못 자는 경우가 많습니다. 어떤 학생은 시험 기간이 되었는데, 일부러 학교에 안 갔다고 합니다. 시험이 두려워서 아예 시험을 안 본 것입니다. 결국, 그는 낙제투성이의 성적표를 받고 말았습니다. 안타깝게도 우리 주변에는 이처럼 두려움이 일상화되고, 낙심이 습관화된 사람들이 많습니다.

다행히, 디모데가 두려워 떨고 있다는 것을 바울이 알았습니다. 그가 디모데에게 어떤 조언을 하는지 들어보십시오. 바울이 디모데에게 주는 권면을 통해 우리도 낙심의 위기에서 벗어날 수 있기를 바랍니다.

하나님이 우리에게 주신 것은 두려워하는 마음이 아니요 오직 능력과 사랑과 절제하는 마음이니 그러므로 너는 내가 우리 주를 증언함과 또는 주를 위하여 갇힌 자 된 나를 부끄러워하지 말고 오직 하나님의 능력을 따라 복음과 함께 고난을 받으라 _딤후 1:7~8

바울은 디모데에게 두려움의 정체를 알아야 한다고 조언합니다. 두려움은 하나님이 주시는 마음이 아니라 어두운 영이 주는 마음이니 그 마음을 받아들이지 말라는 것입니다. 하나님을 향한 믿음 위에 확고히 서지 않으면, 우리는 엉뚱한 존재에 붙들리게 되고, 두렵게 하는 영이 우리 안에 자리 잡게 된다는 사실을 바울이 알려 주고 있습니다.

그러므로 두려움이 찾아오면, 자신이 왜 두려워하며, 무엇을 두려워하는지를 생각해 봐야 합니다. 낙심하지 않으려면, 두려움을 이기려면 자기 성찰이 반드시 필요합니다.

두려움을 이기는
능력과 사랑과 절제하는 마음

바울은 디모데에게 두려움을 이길 수 있는 팁을 알려 줍니다. 무엇으로 이겨야 합니까? 하나님이 주시는 마음으로 이겨야 합니다. 하나님이 주시는 마음은 무엇입니까? "오직 능력과 사랑과 절제하는 마음"(딤후 1:7)입니다. 능력, 사랑, 절제가 우리 안에 들어올 때 낙심에 빠지지 않고 두려움을 이길 수 있습니다.

인간은 본질적으로 자기애가 강합니다. 바로 그런 면을 사탄이 집요하게 공략합니다. 그래서 우리는 자기애와 집착에 걸려 넘어져서 두려움 때문에 무너지는 일이 많습니다. 결국 인간은 낙심에 빠질 수밖에 없는데, 이것을 잘 아시는 하나님이 우리를 그 수렁에서 건져 주십니다. 하나님은 우리가 '자기를 추구하는 삶의 방향'에서 돌이키는 것을 구원 사역의 첫 과제로 삼으십니다.

하나님이 아브람을 갈대아 우르에서 처음 불러내셨던 때를 기억해 보십시오. 갈대아 우르는 당시 어마어마하게 큰 도시였습니다. 그곳에서는 누구나 자기 성취를 위해 그리고 자기 이름을 높이기 위해 살았습니다. 하나님은 그곳에서 아브람을 불러내는 것으로 구원 사역을 시작하셨습니다. 그리고 그를 통해 믿음의 족보를 만드셨습니다.

두려워할 수밖에 없는 상황 속에서 살아가는 우리를 건져 내주는 일이 바로 구원입니다. 그렇게 함으로써 우리 인생의 방향을 완전히 돌려놓으십니다. 따라서 '구원'은 언제나 '회개'로부터 시작됩니다. 성경은 존재의 두려움, 근원적인 두려움, 상황이 주는 두려움 등 갖가지 두려움에서 우리를 건져 내신 구원의 사건들로 가득합니다.

"두려워하지 말라"는 말이 성경에 몇 번이나 등장하는지 압니까? 366번 등장합니다. 하루에 한 번꼴로 "두려워하지 말라"고 말씀해 주시는 셈입니다. 365일에 윤달까지 계산해서 366번입니다. 두려워하지 말고, 낙심하지 말라고 날마다 말씀해 주십니다.

"목적이 수단을 정당화한다"고 주장한 르네상스 시대의 정치철학자 마키아벨리(Machiavelli)는 사람들에게 당근과 채찍을 적절히 섞어서 주어야 사회를 통제할 수 있다고 말했습니다. 즉 회유와 협박을 통해 조직을 관리해야 한다는 뜻입니다. 이러한 사회 시스템을 이해할 필요가 있습니다.

죄인들이 살아가는 세상의 모든 사회 구조적 틀은 본질적으로 두려움을 필요로 합니다. 세상은 두려움을 통해 사람을 지배하고 통제합니다. "당신이 맡은 일을 제대로 해내지 못하면 연봉을 절반으로 깎겠어." 이 말을 듣는 순간, 돈은 두려움을 안겨 주는 위력적인 존재로 다가옵니다. "당신이 정말 계속해서 이런 식으로 일하면, 이번 정기 인사에서 제외시킬 거야." 인사권자는 자신의 권한으로 아랫사람들을 두렵게 합니다.

강압적이고 폭력적인 문화가 군대나 감옥뿐 아니라 우리 사회 곳곳에 깃들어 있습니다. 사회는 처벌, 체벌, 형벌, 벌금 등 벌칙을 통해 사람들을 강력히 통제합니다. 이렇듯 인간 내면의 두려움은 모든 통제 수단의 기본입니다.

낙심할 수밖에 없는 사회 구조와 인간이 인간을 추구하고, 지배하고, 통제하고, 살육하는 이 무한 경쟁의 시스템에서 건져 내는 것, 인간 삶의 행로와 방식과 사고 전체를 모조리 바꾸어 놓는 것을 구원이라고 합니다. 근본적으로 구원이 이루어지지 않는 한 누구도 이 두려움에서 벗어날 수 없습니다.

사도 바울은 유대교라는 시스템 안에서 두려움에 사

로잡혀 살았던 사람입니다. 그는 예수님을 만나고서야 비로소 두려움에서 벗어날 능력을 얻었습니다. 그는 디모데에게 그 능력에 관해 말합니다. 하나님이 우리에게 주시는 것은 두려워하는 마음이 아니라 "능력"(딤후 1:7)이라고 말입니다.

여기서 "능력"은 헬라어로 두나미스(dunamis; δυναμις)입니다. 다이너마이트(dynamite)의 어원이기도 합니다. '폭발적인 힘, 능력'이란 뜻입니다. 신앙이 주는 믿음의 능력을 의미합니다.

예수님은 제자들에게 "오직 성령이 너희에게 임하시면 너희가 권능을 받고 예루살렘과 온 유대와 사마리아와 땅끝까지 이르러 내 증인이 되리라"(행 1:8)고 말씀하셨습니다. 성령의 "권능"(두나미스)을 받은 사람들은 두려움 없이 죽음을 불사하고 세상 끝까지 복음을 전하게 될 것입니다.

하나님이 주시는 능력은 측정 가능한 어떤 힘이 아니라 마음 상태(a state of mind)를 말합니다. 그 능력이 우리에게 주어지면, 자연스럽게 두려움에서 벗어나게 되는 것입니다.

둘째로 하나님이 우리에게 주시는 것은 "사랑"(딤후

1:7)입니다. 연인 간의 에로스적 사랑이 아니라 조건 없이 주기로 작정한 아가페적 사랑입니다. 일흔 번씩 일곱 번이라도 용서하는 사랑, 끝없이 받아 주는 사랑, 가치 없는 것을 가치 있게 만드는 사랑입니다.

이 사랑이 있는 사람은 두려워하지 않고, 낙심하지 않습니다. 사도 요한은 아가페의 사랑과 두려움에 관해 이렇게 말했습니다.

> 사랑 안에 두려움이 없고 온전한 사랑이 두려움을 내쫓나니 두려움에는 형벌이 있음이라 두려워하는 자는 사랑 안에서 온전히 이루지 못하였느니라 요일 4:18

사도 요한은 사람들이 무엇 때문에 두려워하는지를 알았습니다. 어떤 사람이나 사물 때문에 두려워하게 되는 것이 아니라 내 안에 사랑이 없을 때 두려움이 찾아옵니다. 그러나 내 안에 사랑이 차오르면 두려움은 사라집니다. 두려움이 달려들었다가도 내쫓깁니다.

그리스도인은 비우는 것에 만족하지 않습니다. 화두 하나를 붙잡고 명상하는 사람들이 아닙니다. 모든 것을 내려놓고 비우는 것이 목적이 아닙니다. 해탈이 목적이 아니란 뜻입니다. 우리 신앙의 목적은 이곳에서 저곳으로(from here to there) 가는 것입니다. 허무에서 충만(from emptiness to fullness)으로 가는 것입니다. 공허함을 내 것이 아닌 하나님의 능력과 그분의 끝없는 사랑으로 채우는 것입니다. 그것을 위해 우리가 부름받았습니다.

마지막으로, 하나님이 우리에게 주시는 것은 "절제하는 마음"(딤후 1:7)입니다. 미래가 두려운 이유는 절제하는 마음을 잃었기 때문입니다. 절제하는 마음이란 자신이 감당할 수 있을 만큼 사는 마음의 상태입니다.

고구마 하나, 옥수수 한 개, 감자 한 알로도 한 끼가 된다면, 그렇게 먹고 살기로 결정하면 됩니다. 그러면 미래에 대한 두려움이 사라집니다. 그런데 인스타그램에 멋진 사진 한 장 올리기 위해서 유명한 맛집을 찾아다니고, 좀 더 비싸고 좋은 데를 찾아 돌아다니다 보면, 두려움의 덫에 걸려들게 됩니다. '남들보다 멋있고 화려하게 살지 못하면 어떡하지? 나도 저런 차를 타 볼 수 있을까?' 온갖 걱정과 두려움이 몰려옵니다. 그러나 사실 비싼 자동차를 몰지 않아도 사는 데는 아무 지장이 없습니다. 고급 음식점을 다니지 않아도 건강에는 아무 문제가 없습니다.

내가 무엇을 두려워하는지 정확히 알아야 합니다.

왜 그 두려움이 나를 주저앉히고 낙심하게 하는가를 알고, 두려움을 이길 해법을 찾아야 합니다. 신앙 안에서 그 해법을 발견하기를 바랍니다. 그리고 하나님이 두려움 대신에 우리에게 주시는 것이 무엇인지 알아야 합니다. 그것을 알아야 낙심을 이길 수 있습니다.

온전히 맡길 때
평안이 휘감는다

하나님은 우리에게 두려워하는 마음을 주시지 않습니다. 하나님은 우리를 낙심하게 하지 않으십니다. 예수님은 산상수훈을 주시는 가운데 우리에게 두려움을 이길 강력한 방법을 알려 주십니다.

그러므로 내일 일을 위하여 염려하지 말라 내일 일은 내일이 염려할 것이요 한날의 괴로움은 그날로 족하니라
_마 6:34

지레 겁먹거나 걱정하지 말라고 말씀하십니다. 오늘

밤 죽을지도 모르는데, 내일 일을 왜 미리 걱정합니까?

두려움은 자기애에서 비롯됩니다. 자기라는 존재를 과신하고 과찬해서 두려운 것입니다. "쉬 없어지는 이슬"(호 6:4) 같은 존재에 불과한데, 왜 천년만년 살 것처럼 염려합니까? 오늘 일만으로도 허덕이는데, 왜 내일 일까지 미리 걱정합니까? 왜 내년 일을 벌써 걱정합니까?

미래를 생각할 수 있습니다. 미래를 설계할 수 있습니다. 미래를 예측할 수 있습니다. 그러나 통제할 수 없는 미래 때문에 낙심에 빠진다면, 그것은 두려움에 진 것입니다. 기쁜 마음으로 미래를 설계하십시오. 10년 뒤, 20년 뒤를 생각하며 계획을 세우십시오. 죽기 전에 해 보고 싶은 일들을 적은 목록, 버킷리스트(bucket list)를 만들어 하나씩 이루며 살아 보십시오.

안 되면 어떡하나 하는 염려는 하지 마십시오. 기쁜 마음이 염려로 바뀌는 임계점을 잘 분별하십시오. 임계점을 넘으면, 두려움에 발목을 잡히게 되어 있습니다.

미래는 우리가 통제할 수 있는 영역이 아닙니다. 오직 하나님의 영역이니 하나님께 온전히 맡기십시오. 온전히 맡김으로써 오는 평안, 그럴 때 오는 능력이 바로 믿음의 능력입니다. 세상은 자꾸 자신을 과신(Self-confidence)합니다. '나'를 믿으라고 합니다. 그러나 나를 믿을 근거가 어디에 있습니까? 내 뜻대로 하지 못하는 건 내 것이 아닙니다. 다 빌려 쓰는 것들이고, 때가 되면 없어질 것들입니다.

통제할 수 없는 미래로 인해 두려움에 빠지지 않도록 하는 능력의 원천은 바로 성경 말씀입니다. 그러니 염려와 걱정만 안겨 주는 세상 소식은 그만 보고, 성경을 읽으십시오. 미디어에 익숙하지 않으면 세상사에 둔감할 수 있지만, 미디어에 너무 노출되면 반드시 세상을 오해하게 마련입니다. 성경 속에서 지혜를 찾으십시오. 말씀을 가까이하면 할수록 더 큰 능력을 받게 될 것입니다. 뛰어난 지혜를 얻게 될 것입니다.

모세가 죽은 후에 홀로 남겨진 여호수아는 얼마나 두려웠겠습니까? 위대한 지도자의 뒤를 과연 제대로 이을 수 있을지 염려가 가득했을 것입니다. 그때 하나님이 그에게 말씀하셨습니다.

이 율법책을 네 입에서 떠나지 말게 하며 주야로 그것을 묵상하여 그 안에 기록된 대로 다 지켜 행하라 그리하면 네 길이 평탄하게 될 것이며 네가 형통하리라 내가 네게 명령한 것이 아니냐 강하고 담대하라 두려워하지 말며 놀라지 말라 네가 어디로 가든지 네 하나님 여호와가 너와 함께하느니라 하시니라 _수 1:8~9

말씀을 주야로 묵상하여 기억하면, 자기 생각이 이끄는 삶(Idea-Driven Life)이 아닌 말씀이 이끄는 삶(The Word-Driven Life)을 살게 될 것입니다. 그러니 강하고 담대하십시오. 두려워하지 말며 놀라지 마십시오. 우리가 어디로 가든지 하나님이 함께하실 것입니다.

예수님도 제자들에게 말씀하셨습니다.

그러므로 너희는 가서 모든 민족을 제자로 삼아 아버지와 아들과 성령의 이름으로 세례를 베풀고 내가 너희에게 분부한 모든 것을 가르쳐 지키게 하라 볼지어다 내가 세상 끝날까지 너희와 항상 함께 있으리라 _마 28:19~20

주님이 우리와 함께하심을 믿는 임마누엘의 믿음으로 날마다 두려움을 이기십시오. 우리에게는 낙심하지 않을 필요충분한 근거가 있음을 기억하십시오. 염려하지 말고, 믿으십시오. 너무 골똘히 생각하지 말고 믿으십시오.

믿을 때 비로소 생각이 바로 섭니다. 말씀과 성령에 힘입어 세상일을 염려하지 말고, 낙심하지 말고 기쁘게 살기를 바랍니다.

그렇게 사는 것이 구별된 삶입니다. 그렇게 사는 것이 바로 아름다운 동행의 삶입니다. 주님과 함께 평안과 기쁨이 가득한 하루하루를 사시기를 축복합니다.

Q 아주 오랫동안 기도했는데도 응답이 없으면, 하나님이 제 기도를 듣지 않으시며 또 저를 사랑하시지 않는다고 느껴져 좌절하게 됩니다. 정말로 열심히 기도했거든요.

대학교에 다니는 아들이 학기 초부터 아침마다 "아버지, 다음 학기 등록금은 어떻게 하실 거예요? 해 주실 수 있는 거예요? 네?" 하고 조른다면 어떻겠습니까? 아버지는 그렇잖아도 아들의 등록금만은 어떻게든 마련해야지 하고 마음먹고 있는데, 아들이 계속해서 채근하면 "그만해라. 이 녀석아!" 하고 야단치지 않겠습니까?

아버지를 믿는 아들이라면, 그런 걱정은 하지 않을 것입니다. 우리가 육신의 아버지를 믿어도 등록금 얘기를 안 하는데, 하물며 하나님 아버지를 믿는다면서 허구한 날 "내 기도를 들어주실 거죠? 네?" 하고 보챈다면, 못 믿어서 그런 게 아니겠습니까? 하나님은 분명히 우리의 모든 기도를 들으시지만, 하나님 아버지가 요술 램프의 지니는 아닙니다.

하나님의 사랑을 의심하지 마십시오. 예수님은 "너희는 먼저 그의 나라와 그의 의를 구하라 그리하면 이 모든 것을 너희에게 더하시리라"(마 6:33)라고 하셨습니다. 저는 그 약속을 믿습니다. 우리가 먼저 사람 살리는 일, 생명을 전하는 일에 몰두하면, 나머지 문제는 순차적으로 해결

된다고 믿습니다.

왜 우리가 예수님의 약속을 경험하지 못합니까? 잘못 기도하기 때문입니다. 그리스도인의 기도가 아닌 종교인의 기도를 하기 때문입니다. 그리스도인의 기도는 복을 구하는 기도와 다릅니다. 하나님께 내 소원을 말하는 게 아니라, 하나님의 뜻이 내 삶 가운데 이루어지길 원하는 게 기도입니다. 그래서 잘못된 기도는 할수록 독이 됩니다.

기도의 전략을 한번 바꿔 보십시오. 돈이 궁할수록 돈 얘기를 꺼내지 말고, 몸이 아플수록 건강 얘기를 하지 말아 보십시오. 먼저 하나님의 나라와 의를 구해 보십시오. 그러면 다급해지는 것은 하나님이십니다. '얘가 왜 자기 얘기를 안 하지? 얘기할 때 됐는데…' 하며 아마 하나님이 걱정하실지도 모릅니다. 지금까지 해왔던 것과는 전혀 다른 기도를 드리지 않으면, 우리는 여전히 다른 종교인과 동일한 범주에 머물 수밖에 없습니다.

Q 어떤 목사님은 성도에게 기도해 줄 때마다 그 사람을 향한 하나님의 마음과 생각이 이러저러하다고 얘기해 주는데, 마치 점쟁이처럼 느껴지기도 해서 마음이 불편합니다. 이런 식으로 기도 응답을 들려주는 것이 성경적으로 맞는 것인지 궁금합니다.

성경을 제대로 읽으면, 미래에 대한 두려움이나 불안은 사라지게끔 되어 있습니다.

하나님이 아브라함을 부르실 때, "내가 너로 큰 민족을 이루고 네게 복을 주어 네 이름을 창대하게 하리니 너는 복이 될지라"(창 12:2)라고 말씀하셨습니다. "너는 복이 될지라"라고 말씀하신 것에 주목하십시오. 하나님이 그를 부르신 목적은 복을 주기 위해서가 아니라 그를 "복"으로 만들기 위해서입니다. 아브라함은 복을 받는 사람이 아니라 복 자체가 되었다는 말입니다.

그러므로 아브라함은 애걸복걸하며 복을 구할 필요가 없습니다. 그 자신이 복인데, 무엇이 필요하겠습니까? 하나님이 "너를 축복하는 자에게는 내가 복을 내리고 너를 저주하는 자에게는 내가 저주하리니 땅의 모든 족속이 너로 말미암아 복을 얻을 것"(창 12:3)이라고까지 말씀하시지 않았습니까? 이제 아브라함은 인간관계에서 자유로워져도 됩니다. 누가 자기를 저주하든 말든 신경 쓸 게 없습니다. 오히려 저주하는 사람을 불쌍히 여겨야 합니다.

하나님이 저주하실 테니 말입니다. 이처럼 인간관계로부터 해방되는 것을 자유라고 합니다. 자유는 구원의 본질입니다.

믿는 사람은 자기 미래를 궁금해하지 않아도 됩니다. '미래가 궁금하지 않은 인생'을 불신자도 이해하기 쉽게 설명하면 '점칠 필요가 없는 인생'입니다.

그런데 무엇 때문에 자기 미래를 물어보러 다닙니까? 왜 목사에게 자기 미래를 물어서 그를 시험에 빠뜨립니까? 성도가 자꾸 물으면, 목사는 기도하다가 떠오른 성경 구절이라도 얘기해 주어야 하지 않겠습니까? 그나마 몇 장, 몇 절을 얘기해 주면 약속의 말씀이니 크게 해로울 것이 없지만, 섣부른 예언 형식으로 기도한다면 보통 심각한 문제가 아닙니다.

그러니 목사에게 미래를 묻지 마십시오. 그냥 나를 위해 기도해 달라고만 하십시오. 목사가 성도를 위해 열심히 기도하지 않겠습니까? 괜한 욕심으로 무당 목사로 만들지 마십시오. 불안하면, 사람을 찾아다니지 말고 부디 성경을 읽으십시오.

"하나님이 내게 이런 마음을 주셨어요"나 "하나님이 오늘은 이런 말씀을 주셨어요"까지는 괜찮습니다. 기도하다 어떤 말씀이 떠올라 상대방에게 문자로 전해 주는 것까지도 좋습니다. 그런데 그 선을 넘어가면 위험할 수 있습니다. 또 하나님이 이런 마음을 주셨다는 말을 너무 남발해서도 안 됩니다. 자칫 하나님의 이름을 망령되이 일컫을 수 있기 때문입니다. 에스겔서나 예레미야서를 보십시오. 거짓 선지자가 참으로 많았습니다.

성경에 있는 것만 얘기하십시오. 그리고 직접 성경을 읽으십시오. 하나님의 말씀을 내 약속으로 받아 보십시오. 그러면 불안이 사라지는 경험을 할 것입니다. 하늘과 땅은 없어질지라도 하나님의 말씀은 영원할 것입니다. 모든 필요를 아시고 공급하시는 하나님 아버지를 신뢰하며, 미래는 주님께 맡기고 두려움 없는 평강의 삶을 살기를 바랍니다.